SEGURANÇA
é estilo de vida
Security is a lifestyle

Diógenes **LUCCA** & Roberto **COSTA**

SEGURANÇA *é estilo de vida*

Security is a lifestyle

Conceito e fonte primária: **Diógenes Viegas Dalle Lucca e Roberto Zapotoczny Costa**
Redação: **Gustavo Curcio** e **Marília Muylaert**
Reportagem: **Priscilla Kanda**
Projeto gráfico: **Equipe Magu Comunicação Integrada**
Diagramação: **Amanda Favalli e Nikolas Suguiyama**
Ilustração: **Magenta King**
Revisão: **Danielle Sales**
Versão em inglês: **Marco Antônio Guidelli Gonçalves**
Impresso na gráfica Intergraf, São Bernardo do Campo, São Paulo, Brasil.

---

magu

Todos os direitos reservados por Magu Comunicação Integrada Ltda.
Rua Dep. Lacerda Franco, 300 — 19º andar — Pinheiros
São Paulo, SP — CEP 05418-000
Tels.: 00 55 11 2925-2901 / 2925-2903
E-mail: contato@magucomunicacao.com
www.magucomunicacao.com

Lucca, Diógenes
Segurança é estilo de vida — Security is a lifestyle
Diógenes Viegas Dalle Lucca, Roberto Zapotoczny Costa
São Paulo: MAGU Comunicação Integrada, 2016.
144 p.
ISBN 978-85-5601-004-9
1. Segurança 2. Estilo de vida — I. Título
CDD: 640
CDU: 643

Consideramos um privilégio que este livro seja de seu interesse, um motivo de alegria por percebermos que a ideia de Segurança como Estilo de Vida tenha lhe envolvido.

Esperamos que possa desfrutar da leitura desse material e tenha a oportunidade de levar esse conhecimento aos seus familiares, amigos e colegas de trabalho.

Um forte abraço,

Diógenes Lucca **Roberto Costa**

Agradecimento

Quero agradecer a todos os meus mestres, colegas de trabalho, amigos e familiares que fazem parte da minha história e de alguma forma me inspiraram nesse conteúdo e em particular minha esposa Olga que continuamente é parceira desses desafios e minha filha Beatriz que me faz sempre ter uma visão de um futuro melhor para todas as pessoas.

Agradeço também a você Roberto Costa amigo de muitos anos de elevada estatura moral e generosidade que me confia o privilégio de sua amizade e de sermos protagonistas desse projeto que é uma bandeira que juntos criamos e defendemos para o desenvolvimento da nossa área de segurança.

Agradeço também à Magu Comunicação, nas pessoas da Marília e do Gustavo e aos apoiadores desse sonho que hoje se transforma em realidade.

Diógenes Lucca

Quero agradecer e dedicar esta obra primeiramente a Deus, que nos orienta diariamente em nossas tarefas pessoais e profissionais – e que sempre nos protege.

À minha querida esposa Erika, anjo em minha vida, companheira de todas as horas, e que com a sua inteligência e amor me conduz pelas belezas da vida.

Às minhas filhas Anna Carolina, Anna Paula e Sofia, cada princesa à sua maneira me proporciona a maravilha da oportunidade de ser pai.

À minha família pelo amor fraterno e incondicional.

Aos meus colegas de profissão, clientes, professores, alunos, parceiros de trabalhos, irmãos de jornada terrestre, cada um à sua maneira contribuiu para o fortalecimento de conceitos, melhores práticas, estratégicas, táticas e operações. Ao longo de mais de 30 anos de trabalho juntos todos fortaleceram esse tema de estudo.

Um especial agradecimento e dedicatória aos que não mais estão neste plano, todos representados pelo meu querido pai, e pelas suas sabedorias que permanecem entre nós e em especial comigo.

Ao meu sócio e irmão Diógenes Lucca, homem sábio, bondoso e amigo de todas as horas. Aprendemos muito juntos. É prazeroso trabalhar com o Lucca. Estamos juntos deste 1992, e que continuemos juntos até quando nos for permitido.

Agradeço também à Magu Comunicação, nas pessoas da Marília e do Gustavo, que encontraram uma especial maneira em traduzir todo o conhecimento deste assunto em uma leitura agradável e educadora.

Roberto Zapotoczny Costa

Dedicatória

Dedicamos este livro a todos que desejam viver em uma sociedade mais justa, mais plural e mais segura.

Há muitos caminhos para o alcance desses fins, mas destacamos alguns: que os cidadãos assumam as questões de segurança como qualidade e estilo de vida, que as Instituições, responsáveis pela segurança, façam um olhar para dentro, pois é possível fazer mais e melhor e um olhar para fora - menos para o criminoso e mais para o cidadão de bem, e que a imprensa atue de forma mais equilibrada mantendo o poder crítico, mas também abra um pouco mais de espaço para valorizar as boas ações daqueles que se sacrificam e arriscam suas vidas para nos proporcionar um pouco de tranquilidade e segurança. Os bons policiais são a maioria e precisam ser valorizados.

Atribuir a segurança à Polícia é um pensamento simplista e que pode ser expandido a partir de discussões sobre organização urbana, o que se traduz em boa limpeza, manutenção, iluminação, infraestrutura de transporte, lazer, saúde e educação. O assunto segurança é mais que discutir Polícia, é desenvolvimento social. Esse entendimento é importante para que possamos conviver harmonicamente. Organização gera organização, limpeza gera limpeza, cuidados geram cuidados, e o conjunto de diversas ações sociais vai nos conduzir

Os autores

Prefácio

Os autores nos conduzem por uma fascinante jornada rumo à desmistificação, à quebra de estereótipos e à inserção da segurança como um fator essencial à qualidade de vida, que pode e deve ser administrado em conjunto pela família como prática do cotidiano.

Lucca e Roberto discorrem com clareza e de forma leve sobre conceitos e circunstâncias que contribuem negativamente para nosso modo de pensar sobre segurança e nos ajudam a corrigir o rumo.

Analisam sob uma perspectiva singular e técnica fenômenos que guardam correlação com a nossa segurança, como tipos e características dos criminosos, deficiências do sistema prisional e o efeito da droga no modo de agir do criminoso, ajudando-nos a refletir sobre o nosso próprio comportamento e nossas ações e reações.

Demonstram que há um vazio na educação em segurança e trazem para o ambiente familiar uma proposta de discussão desse tema, oferecendo subsídios, apoio e informações valiosas. Trata-se de um convite à reflexão. É possível pensar diferente, é possível discutir aspectos que não estão presentes em nosso modelo mental sobre o tema, é possível administrá-lo da mesma forma que administramos tantos outros em nosso cotidiano, reduzindo a probabilidade de que sejamos vítimas de criminosos e aumentando nossa qualidade de vida.

Ao longo de suas páginas, este livro entrega conhecimento, ensina habilidades e estimula atitudes, tornando-nos mais competentes para conviver em ambientes que não há como tornar totalmente seguros, por razões que ficam claras.

Nosso modo de pensar e nosso modo de agir requerem adaptações para manter e aumentar nossa qualidade de vida, para viver com nossas conquistas, nossas famílias e amigos. Este livro mostra como podemos fazer isso.

Neste convite ao aprendizado, os autores nos lembram que "é possível viver sem abrir mão de conquistas" e nos mostram como.

Ricardo Franco Coelho

Ricardo Franco Coelho é Administrador de Empresas, especialista em Política e Estratégia pela Universidade de São Paulo e em Alta Direccion de Securidad pela Universidad Pontificia Comillas de Madrid. Integrou o Departamento de Segurança do Banco Central do Brasil, onde exerceu atividades relacionadas à Gestão de Riscos Operacionais, Continuidade de Negócios e Contrainteligência. Atuou como professor em cursos de formação, extensão universitária e pós-graduação na área de Segurança Empresarial. Membro da ASIS International e da ABSEG. Consultor Associado da Núcleo Consultoria em Segurança e Diretor do Departamento de Segurança da FIESP, instituição que representa no Instituto São Paulo Contra a Violência e no GT Anticorrupção da Rede Brasil do Pacto Global da ONU.

Prefacio

Una acertada aproximación a la Seguridad Personal en Brazil

Una de las facetas más complejas de la seguridad personal es crear conciencia en la gente que, tradicionalmente, tiende a ser reactiva antes que asumir una actitud activa y preventiva bajo la falsa creencia que, como nada les ha ocurrido, nunca nada les ocurrirá, hasta que desafortunadamente se encuentran ante una situación indeseada que llegar incluso a poner en riesgo la integridad física y la vida misma.

Damos por sentado muchos supuestos que en realidad no lo son y que en el día a día dependerán de cómo asumamos la responsabilidad de nuestra propia seguridad y la de nuestra familia más allá de lo que las autoridades están llamadas a hacer

Seguridad como estilo de vida es la obra de Roberto Costa y Diógenes Lucca, dos reconocidos expertos en seguridad no tan sólo en Brasil sino también allende sus fronteras, mediante la cual, de manera clara y amigable nos van induciendo a la Seguridad Personal para hacer de ella un verdadero estilo de vida.

Desde una perspectiva histórica que nos retrotrae a la década de los '40 del siglo veinte con Código Penal Brasileiro pasando por los turbulentos '60, los liberales '70, los convulsionados ´80 y ´90, la década de los 2000 cuando el Gobierno, la Policía y la Sociedad se unen para actuar contra la ola de secuestros principalmente en São Paulo, hasta llegar a los actuales momentos para proyectar las próximas tendencias, Roberto y Lucca nos van revelando un innovador escenario de educación y concientización en materia de seguridad personal fundamentado en la evolución constante de la sociedad brasileira donde se busca que las personas asuman una actitud proactiva hacia su propia seguridad que haga real la frase: "El ser humano hace su ambiente".

Un escenario en el que la seguridad personal sea asumida individual y colectivamente como parte de la vida diaria sin depender necesariamente de la policía, a fin de reducir las vulnerabilidades sin sacrificar calidad de vida y bienestar por los cuales se trabaja mucho y a los cuales se tiene pleno y justo derecho.

Esta obra de Lucca y Roberto nos presenta la perspectiva psicológica y social del criminal común, por cierto, el que más daño causa a la sociedad por la frecuencia y la violencia con que a diario actúa, resaltando los elementos claves para entender la mentalidad del criminal, reconocer los tipos básicos de criminales, y más importante aún para prevenir su acción.

Seguridad como estilo de vida nos induce a adoptar actitudes para actuar antes, durante y después de una situación de riesgo ante la acción criminal a través de un ameno proceso pedagógico.

Hagamos de la seguridad personal un hábito para, como afirman los autores, proteger los placeres de la vida y evitar que nos impidan disfrutarlos, hagamos de la Seguridad un verdadero Estilo de Vida.

Juan A. D'Alta
JTI
Director
Corporate Security - Americas

Preface

Security as a Lifestyle is a commonsense, innovative approach to security and self-awareness that quickly grabs the reader's attention. Authored by two pioneers in the private security and law enforcement industries in Brazil, Roberto Zapotoczny Costa and Diógenes Viegas Dalle Lucca lean on their decades of experience and deliver a glimpse into a world most of us only read about in the newspapers or marvel at while watching the evening news.

How can I better protect myself and my family; how can I acquire and maintain an effective security mindset in a world seemingly spinning out of control are complex questions which require answers that are simple enough for any layman to grasp. By analyzing the criminal mindset, Roberto Costa and Lucca confront these questions, debunk the myths which surround their core and help us overcome our vulnerabilities.

Security as a Lifestyle transcends all cultures and societies. Whether you are reading this book in Europe, Asia, the Middle East or elsewhere, the lessons contained herein are timely and helpful and render this a must-read. This book should be an essential part of your personal and professional library as you and your family strive to navigate what is an increasingly dangerous world. Hats off to two very accomplished professionals.

Ronald H. Guy

Ronald H. Guy, CPP
Senior Partner
The Avectra Group, LLC
United States

1. Segurança como estilo de vida

1. Security as a lifestyle

1.1 Conforto x segurança: educação em segurança e a qualidade de vida

1.1 Comfort vs. security: security education and quality of life

No meu tempo, não era assim. Certamente você já ouviu essa frase ou algo parecido de alguém mais velho. Na maioria das vezes, a expressão vem acompanhada de algum complemento como "A escola pública era de melhor qualidade" ou "Andar pela rua era mais seguro". Nosso país, como qualquer outro, está em constante mudança. Em muitos aspectos, o Brasil apresentou nas últimas décadas avanços bastante significativos. Índices de mortalidade infantil, inclusão social e aumento de renda são bons exemplos disso. Mas, se por um lado assistimos a essa evolução positiva, por outro temos problemas como a violência urbana e a segurança agravados. E como chegamos ao cenário atual? Se analisarmos a história da humanidade, veremos que, no princípio, a violência era proporcionalmente maior. Há pouco mais de um século foi assinada a lei que aboliu a escravidão. Nessa época, e até muitos anos depois, espancamentos e assassinatos eram comuns. Qualquer impasse era resolvido pelo método "olho por olho, dente por dente". Hoje, nossa tolerância à violência é muito menor. Por isso, o pânico da população diante do crime.

Desde cedo, administramos muitas coisas em nossa vida. Primeiro a escola, depois o emprego, namoro,

Back in the day, things were not like that. You have surely heard that phrase or something to that effect from older folks. Quite often, the statement is followed by a complement such as "public schools were of better quality" or "walking down the street was safer". Our country, just like any other, is constantly changing. In many aspects, Brazil has presented significant advances in the last decades. Infant mortality, social inclusion and income increase rates are good examples of such achievements. But if on the one hand we have witnessed such positive steps forward, on the other we have experienced degradation in issues such as urban violence and security. But how have we achieved this current state of affairs? If one is to observe the history of mankind, one will be able to notice that, initially, violence was proportionally larger. The law abolishing slavery had been passed about a little over a century earlier. At that time, and for several years later, battery and murder were common place. Any disagreements were dealt with by employing the "eye for an eye, tooth for a tooth" approach. Nowadays, our level of tolerance for violence is much lower. That explains people's panic in the face of crime.

From a very early age, we manage many things in our

casamento, filhos e assim por diante. Saúde, educação, trabalho, transporte e descanso são pensados e discutidos em família, são planejados. Nosso desafio com esse livro é fazê-lo entender a segurança não apenas como uma responsabilidade do Estado e da polícia, mas também como mais um dos fatores que devem ser administrados por você em conjunto com seus familiares, amigos e colegas de trabalho.

lives. Initially it's school, followed by employment, dating, marriage, children and so on and so forth. Health, education, work, transport and relaxation are thought of, discussed and planned as a family. Our challenge in this book is to make you understand security not only as a responsibility of the State and the police but also as one of the factors that one must plan and manage with his/her family, friends and co-workers.

Segurança é estilo de vida

Você decide passar uma semana na praia. Leva o carro ao mecânico para checar óleo e freios, faz as compras, arruma as malas, rega as plantas, tranca portas e janelas. No meio do caminho, sua esposa pergunta: "Meu bem, você lembrou de suspender a entrega do jornal?". Se sua resposta for não, certamente passará a semana toda pensando no que poderá acontecer caso alguém perceba que sua casa está vazia.

Não parece confortável ter de dar uma volta no quarteirão antes de entrar na garagem para checar se há alguém em atitude suspeita nas redondezas. O que não percebemos é que já fazemos algo parecido, sem reclamar, em situações do cotidiano. Se você resolve, de última hora, sair com a família para um almoço numa churrascaria, sabe de antemão que enfrentará uma série de dificuldades até atingir seu objetivo, que é sentar à mesa, comer e beber. Trânsito, manobrista, espera de uma hora na porta do restaurante... Mesmo assim, ciente dos obstáculos, você topa o desafio por conta do prazer, o almoço em família. Assim deve ser o raciocínio com relação à segurança. E, nesse caso, o grande problema: muita gente não a considera parte de sua vida. Temos a impressão de que o pior nunca

Security is a lifestyle

You decide to spend a week at the beach. You take the car to the mechanic to check the oil and brakes, go shopping, pack your bags, water the plants and lock doors and windows. Halfway through your trip your wife asks "Honey, did you remember to cancel the newspaper run?". If your answer is no, you will certainly spend the whole week wondering what might happen if someone realizes your house is empty.

It doesn't seem comfortable having to go around the block before parking your car to check if there is someone displaying a suspicious behavior in the area. What we don't realize is we've been doing something similar in everyday situations without complaining. If, at the last minute, you decide to go out with your family for lunch at a steak house, you know in advance you will face a series of hurdles in order to achieve your goal, which is sitting at the table for food and drinks. Traffic, valet service, 1-hour wait outside the restaurant... Even though you are aware of such obstacles, you take the challenge for the pleasure of a family lunch. Such must be the rationale with regards to security. But, in this case, the main issue is that many people do not consider secu-

acontecerá conosco. No entanto, quanto menos sensível a esse assunto você é, mais vulnerável está diante do crime.

Quando o assunto é segurança, nossa tendência é passar toda a responsabilidade para o Estado, mais precisamente para a polícia. Afinal de contas, "eles são mantidos pelos impostos que pagamos". Sem dúvida, devemos lutar por esse ideal imaginário — que não ocorre nem mesmo nos países mais desenvolvidos —, incluindo no pleito outros setores importantes como educação, saúde e geração de empregos. Mas não podemos esquecer o cenário imediato, mais prático, que não pode e nem será mudado da noite para o dia. É diante dele que devemos pensar, prevenir e agir.

rity a part of their lives. We have the feeling that the worst scenario will never happen to us. However, the less concerned you are about this subject, the more vulnerable you become when facing criminality.

When it comes to security, we tend to transfer all responsibility onwards to the State, more precisely, to the police. After all, "they get paid by our tax dollar." Without a doubt, we must fight for this imaginary ideal — which does not take place even in the most developed countries — and, while at it, include other important sectors such as education, health and job creation in that plea. But we must not forget the immediate, more practical scenario which cannot, and will not, change overnight. It is before such scenario we must think, prevent and take action.

A segurança deve proteger os prazeres que a vida nos proporciona. Não é mera proteção patrimonial.

Security must protect the pleasures life gives us. It's not a mere case of asset protection.

Para diminuir os riscos

Acredite: o comportamento de cada um diminui significativamente os riscos. Suas atitudes revelam seu nível de consciência e consequentemente o nível de segurança que deseja para sua vida. Identificar os pontos de vulnerabilidade, prever situações e prevenir-se sempre não significa, como muita gente pensa, prejudicar o conforto. Ao contrário: ao adotar certas medidas, que ao longo do tempo se tornam quase intuitivas, ganha-se qualidade de vida. Isso não quer dizer privar-se da conquista de um carro novo ou de um relógio bacana. Em vez disso, nosso objetivo é mostrar que é possível sim viver no Brasil de forma mais segura com satisfação e alegria, sem abrir mão das conquistas. Afinal, trabalhamos para proporcionar conforto a nós mesmos e às nossas famílias. São esses os prazeres que a vida nos proporciona e que devem ser protegidos.

In order to reduce risks

Believe me: each person's behavior reduces risks significantly. Their attitudes reveal their level of consciousness and, consequently, the level of security they want in their lives. The identification of vulnerabilities, anticipation of risks and permanent prevention do not mean, as many people think, one is to sacrifice comfort. On the contrary: the adoption of certain measures - which over time become almost intuitive - enables people to gain quality of life. That doesn't mean depriving yourself of achievements such as buying a new car or a nice watch. Instead, our goal is to show that it is possible to live in Brazil in a safer manner with satisfaction and joy without giving up one's achievements. After all, we work to provide comfort to ourselves and our families. These are the joys life gives us which must be protected.

1.2 A vida exige adaptações constantes: a segurança também

1.2 Life requires constant adjustments: so does security

A violência sempre esteve presente na história da humanidade. Em qualquer lugar e em qualquer tempo. É inerente à existência humana. Tem a ver com sobrevivência. Todos nós temos medos, mas temos também o livre arbítrio para escolher como agir diante dos riscos e diminuirmos a probabilidade de ocorrerem experiências ruins. E, para que você se eduque em segurança, é importante que saiba como pensa e age um criminoso. A partir do estudo do seu comportamento, podem-se criar alternativas de redução de riscos. Além disso, esse processo de aprendizagem vai ensiná-lo como proceder caso tenha contato com um bandido. O importante não é o que ele leva, mas o que pode deixar. Essa herança pode ser um dano físico, psíquico ou um trauma irreversível.

Violence has always been present in the history of mankind. Everywhere and at all times. It is inherent to human existence. It has to do with survival. We all have fears, but we also have the freewill to choose how to react in the face of risks and reduce the likelihood of negative experiences taking place. And for you to get an education on security, it's important to know how a criminal thinks and acts. By studying their behavior, one can outline risk reduction strategies. In addition, this learning process will teach you how to proceed in case you ever cross paths with a criminal. The important thing is not what the criminal takes from you, but what he leaves behind. Such inheritance can be a physical or psychic damage or irreversible trauma.

O importante não é o que o bandido leva, mas o que pode deixar.

Educar-se para a segurança não consiste apenas em proteger suas conquistas materiais e a integridade da sua família, mas também previne consequências graves caso seja uma vítima da violência. Não queremos mascarar a realidade. Pelo contrário, queremos mostrar que, mesmo diante de um cenário difícil, é possível proteger-se.

É importante que você saiba que, em geral, o criminoso brasileiro não tem nada de pessoal contra as suas vítimas. Ele quer atingir seu objetivo, que é o de conseguir dinheiro ou algo que tenha liquidez para transformar em dinheiro. Para que isso aconteça, quer o máximo de lucro possível com o menor risco à sua sobrevivência. Não quer ser preso durante o crime, evita deixar rastros que facilitem a sua identificação posterior e muito menos quer morrer. Nos capítulos seguintes, você entenderá melhor como funciona a mente do criminoso. Isso é fundamental para que consiga prevenir a ação de um deles e também para que seja capaz de gerenciar uma abordagem criminosa sem sequelas. Ao fim desse livro, se incorporar à sua rotina cuidados de prevenção e educar-se para a segurança, terá subsídios para usar a inteligência a favor do comportamento seguro, resultando em melhor qualidade de vida a você e aos seus.

The important thing is not what the criminal takes from you, but what he leaves behind.

Getting an education in security is not only about protecting your achievements and the integrity of your family but also preventing serious consequences in case you are a victim of violence. We don't want to sugar-coat reality. On the contrary, we want to showcase that even in the face of a difficult scenario one is able to protect oneself.

It is important for you to know that, in general, Brazilian criminals have nothing personal against their victims. They want to achieve their goal, which is getting their hands on money or something of value they can turn into money. For that to happen, they aim at the maximum profit possible with the lowest risk to their survival. They don't want to be arrested during the crime and avoid leaving behind any clue which may facilitate future identification. And they definitely don't want to die. In the following chapters, you will better understand how the mind of a criminal works. This is crucial to prevent their actions and also for you to be able to manage a criminal's actions bringing no consequences to yourself. By the end of this book, if you incorporate preventive care into your routine and educate yourself towards security, you will have the tools to use such intelligence in favor of a safe behavior, thus resulting in better quality of life to you and yours.

O exemplo das Torres Gêmeas

Os engenheiros que projetaram as Torres Gêmeas (nos EUA) previram, no cálculo da resistência da estrutura, o impacto de um acidente aéreo, já que a implantação dos edifícios estava bem próxima aos aeroportos La Guardia e John F. Kennedy (JFK). O risco de choques desse tipo é maior na aterrissagem, já que as possibilidades de desvio dependem da localização da pista, que é fixa. No caso do atentado de 11 de setembro de 2001, além da mudança no tamanho das aeronaves, bem menores do que as atuais à época da construção das torres, influenciou no cálculo a quantidade de combustível no tanque da aeronave, geralmente pequena no momento da aterrissagem (fim da viagem, e não o começo). O atentado provocou o colapso dos edifícios não exatamente pelo choque com a estrutura, mas pelo uso das aeronaves como mísseis. O combustível provocou um incêndio que derreteu a estrutura de aço dos prédios. Por isso, caíram. Jamais os engenheiros poderiam imaginar, em meados do século XX, que um avião poderia ser usado como míssil contra as torres. O risco varia de acordo com o tempo, com a situação. As coisas evoluem, os cenários se transformam. Por isso, a prevenção pode falhar. Quanto mais atualizados e atentos estivermos, em qualquer circunstância, menor o risco.

VISTA PANORÂMICA DE MANHATTAN
As luzes infinitas indicam o local antes ocupado pelas Torres Gêmeas.

PANORAMIC VIEW OF MANHATTAN
The infinity lights indicate the place where the Twin Towers were.

The example of the Twin Towers

In the structural resistance calculation, engineers who designed the Twin Towers (in the USA) had contemplated the possibility of impacts caused by planes since the buildings were quite close to both La Guardia and John F. Kennedy (JFK) airports. The risk of collisions of such type is higher during the landing procedure since alternate landing spots depend on the location of the runway, which is stationary. In the September 11 attacks, in addition to the change in the size of aircraft - which were smaller at the time the towers were erected - the calculation was also impacted by the amount of fuel left in the tank of the aircraft, which was usually lower at the time of landing (end of the trip, not the beginning). The attack caused the collapse of the buildings not because of the clash with the structure, but due to the use of aircraft as missiles. The fuel triggered a fire that melted the steel core of the buildings. Consequently, they collapsed. Engineers could never have imagined, back in the middle of the 20th century, that an airplane could be used as a missile against the towers. Risks vary given the age and scenario. Things evolve and scenarios are transformed. Therefore, prevention may fail. The more updated and aware we are in the face of any event, the lower the risk.

1.3 Segurança é qualidade de vida

1.3 Security means quality of life

A nossa vida é cheia de sonhos.
Sonhamos em ser mais e em ter mais.
E, incrivelmente, esses sonhos vão se materializando.
E transformando o nosso modo de viver.
Conseguimos uma casa melhor,
um carro mais bonito.
Acesso a tantas coisas boas.
São os prazeres que a vida está nos oferecendo.

Assim é a vida.
Pode e deve ser bem vivida.
Queremos chegar lá na frente, no brilho da maturidade,
com um sorriso largo no rosto.
Queremos contar boas histórias.
E sempre de sucesso, não é mesmo?

E para assegurar que tudo isso realmente aconteça,
os nossos hábitos seguros devem ser mantidos.
Especialmente aqueles que
protegem os nossos prazeres.
Outros devem ser simplesmente eliminados.
E alguns... modificados.
Assim, conseguiremos colecionar
atitudes positivas e de prevenção.
Esse é um processo educativo:
educação para a segurança!
A violência, ah... esta sempre
esteve presente na história da humanidade.

Our life is filled with dreams.
We dream of achieving more in order to have more.
And incredible as it may seem, such
dreams start materializing.
They start transforming the way we live as well.
We get better houses and more desirable cars.
We get access to several good things.
These are the pleasures life offers us.

That's what happens in life.
Life can and should be well spent.
We want to get to the finish line
at the peak of our maturity
boasting a broad smile on our faces.
We want to have good stories to tell.
Successful ones. Isn't that so?

And in order to make sure all of this really happens,
our safe habits should be maintained.
Especially those which protect our pleasures.
Others should simply be done away with.
And some should be... modified.
By doing so, we will be able to achieve positive and
preventive attitudes.
This is an educational process:
an education towards security!

Violence. Well, violence has always been present in

Em qualquer lugar e em qualquer tempo.
Mas, como a saúde, o lazer e a educação,
a segurança também pode ser administrada.
Isto é o que nos importa!

Proteja a sua família.
Proteja o seu lar.
Proteja os seus deslocamentos pela cidade.
Proteja o seu trabalho.
Afinal, a função da segurança em nossa vida
é proteger os prazeres que ela nos oferece.

Viva com mais segurança.
Lembre-se sempre: segurança é qualidade de vida!

the history of mankind. Everywhere and at all times.
But just like health, leisure and education,
security can also be managed.
This is what we care about!

Protect your family.
Protect your home.
Protect your commute around town.
Protect your work.
After all, the role security plays in our lives
is that of protecting the pleasures life offers us.

Live more safely.
And always remember: security means quality of life!

2. Panorama histórico: como chegamos ao cenário de violência atual?

2. Historical backdrop: how have we reached the current violence scenario?

2.1 Década de 1940: o Código Penal e o estereótipo do malandro

2.1 The 40s: the Penal Code and the stereotype regarding tricksters

A questão da violência está ligada aos primórdios do ser humano, entretanto, para não nos afastarmos muito das questões contemporâneas, escolhemos como ponto de partida a década de 1940 apenas por coincidir com a promulgação do Código Penal Brasileiro e, a partir desse período, verificar quais foram os fatos mais relevantes na história recente que constituíram uma verdadeira alavanca para nos conduzir a esse cenário de violência urbana que experimentamos nos dias de hoje.

Em 7 de dezembro de 1940 foi promulgado o Código Penal pelo então presidente Getúlio Vargas. Era época do Estado Novo, regime instituído a partir de um golpe militar no ano de 1937 que perdurou até 1945. Parece estranho falar de uma época tão distante. Mas foi justamente ali que podemos começar a entender melhor o crime e o criminoso no Brasil, com o decreto do Código Penal e do Código de Processo Penal, ambos em vigor até hoje. Alguns aspectos curiosos desse conjunto de leis têm consequências e efeitos que persistem ao longo dos anos. Por exemplo: não é crime, no Brasil, andar sem documento.

The issue of violence is linked to the beginnings of mankind. However, in order not to veer too far off contemporary issues, we have chosen the 40s as our starting point because it coincides with the entry into force of the Brazilian Penal Code and, from this period onwards, we have been able to verify what the most relevant facts in recent history have been, those which have constituted a real springboard leading us to the scenario of urban violence we experience these days.

The Penal Code was promulgated on 7 December 1940 by the then-President Getulio Vargas. It was the time of the New State, a regime introduced in the aftermath of the 1937 military coup, which lasted up to 1945. It seems odd to speak of an era so far gone. But it is precisely then, with the enforcement of the Penal Code and the Penal Code - both in force to this day - that we can begin to better understand criminality and perpetrators in Brazil. Some curious aspects about these legal instruments have consequences and effects which linger over the years. For instance: it's not a crime to wander around not bearing an ID in Brazil. Anyone can go out in the streets carrying no ID. Probably, the legislator at the time thought that

Qualquer um pode sair pela rua sem carteira de identidade. Provavelmente o legislador, à época, imaginou que, quando o policial parasse alguém na rua, a pessoa diria seu nome verdadeiro. A confiança era regra e a palavra tinha peso. Era "crime na mão e samba no pé", a típica imagem do malandro carioca. O criminoso daquela época era do tipo que agia muito mais pela destreza com as mãos para subtrair sorrateiramente objetos das suas vítimas ou mesmo usava da sua lábia para confundir, enganar e obter vantagem como é o caso dos estelionatários. Aliás, essa palavra tem origem grega, que vem de "stelio", nome dado ao réptil conhecido como camaleão e sua conhecida capacidade de se mimetizar com o ambiente, alterando as suas cores, camuflando-se e confundindo os predadores e as suas presas. O batedor de carteira conhecido como "punguista", os aplicadores dos golpes como o conto do vigário, o conto do bilhete premiado, o conto do "paco", este último um bolo de dinheiro em nota, sendo que só as primeiras são notas verdadeiras e as outras são papéis comuns sem valor. Assim nasceu o conceito de pessoa suspeita. O gesto, a atitude e até o jeito de vestir, muito bem ilus-

people would provide their real names whenever police officers approached them on the street. Trust was the norm and one's word mattered. It was a period in which the image of the typical "malandro" (trickster) was that of "crime in one's hand and samba on one's feet". Perpetrators back in the day were the kind who used their manual dexterity in order to subtract objects from their victims or even their gab to mislead, trick or deceive them, as is the case with swindlers. In fact, the word "estelionatario" (swindler, in Portuguese) finds its origin in Greek and stems from the word "stelio", the name given to the chameleon, a reptile well-known for its ability to mimic its environment by changing its colors, thus camouflaging and confusing predators and prey alike. Pickpockets, also known as "punguistas" (crooks) or confidence men, engaged in scamming people through schemes such as "the vicar's scam", "the winning lottery ticket scam" or "the paco scam". The latter involved rolling up a wad of genuine currency over regular worthless pieces of paper. That's how the stereotype of a person of interest came into being. Gestures, attitude and even the dress code have been very well characterized in Chico Buarque's music, which provides a

trados na música do Chico Buarque, importante compositor brasileiro, definem bem essa imagem. "O garçom vê um malandro, sai gritando: Pega ladrão! E o malandro, autuado, é julgado e condenado culpado pela situação."

Esse estereótipo do criminoso transformou-se hoje numa armadilha quase infalível. A grande maioria das pessoas pressupõe a imagem da pessoa suspeita como anúncio do crime. Um criminoso que fala corretamente e veste uma roupa bacana facilmente consegue vencer as barreiras e entrar num condomínio cheio de dispositivos de segurança, e pela porta da frente. Muita gente fala: "esse sujeito não tinha cara de bandido", como se bandido tivesse essa ou aquela cara. Num presídio, entre as diversas pessoas sentenciadas, é possível ver uma amostra de diferentes perfis. Gordo, magro, baixo, alto, branco, negro, velho, novo, homem, mulher. A visita à penitenciária derruba esse mito da pessoa suspeita, do estereótipo do criminoso. Se não existe **pessoa suspeita**, o que existe é **atitude suspeita**, que pode vir de qualquer pessoa. A atenção deve ser dada à atitude, e não aos trajes ou à aparência. O que vale é o comportamento.

very detailed description of such visual identity. "The waiter sees a trickster and hollers out: Catch that guy! And, after being booked, the crook is judged and found guilty of the whole thing".

This stereotype of the criminal has become a nearly infallible ambush these days. The vast majority of people assumes the image of a person of interest as a telltale sign of a crime about to take place. A criminal who speaks properly and dresses up well can easily overcome hurdles and get access to a residential building riddled with security devices. Many people say: "the guy didn't look like a criminal", as if all bad guys had either this or that particular look. Amongst the various convicted individuals in prison, it is possible to identify a series of different profiles. Fat, thin, short, tall, African-Brazilian, Caucasian, old, young, male, female. A visit to a penitentiary completely denies the myth of a **person of interest** and the stereotype about criminals. If there is no such thing as a person of interest, what does exist is **suspicious behavior**, which can be portrayed by anyone. Attention should be paid to behavior, not to clothes or appearance. What really matters is the behavior.

Se não existe pessoa suspeita, o que existe é atitude suspeita, que pode vir de qualquer pessoa. A atenção deve ser dada à atitude, e não aos trajes ou à aparência. O que vale é o comportamento.

If there is no such thing as a person of interest, what does exist is suspicious behavior, which can be portrayed by anyone. Attention should be paid to behavior, not to clothes or appearance. What really matters is the behavior.

Assaltos em condomínios são um prato cheio para os bandidos. Depois que eles passam pela portaria, têm acesso a muitas residências no mesmo espaço e conseguem furtar (subtrair coisa alheia móvel) ou roubar (subtrair coisa alheia móvel mediante violência ou grave ameaça) um volume grande de bens. Geralmente, o funcionário que controla o acesso de visitantes não passou por treinamento de segurança que o oriente a cumprir normas específicas do empreendimento. Além disso, é comum esse tipo de profissional ter em mente a imagem do criminoso como malvestido, mal-encarado. Costuma-se dizer, entre os profissionais que atuam no ramo da segurança, que "não tem homem de terno ou mulher de minissaia que não entre em um condomínio com certa facilidade".

Burglaries at residential buildings represent a golden opportunity for criminals. After they get clearance from the gatekeeper, they have access to many homes at the same address and can steal (subtract portable items) or rob (subtract items by means of violence or serious threat) larger volumes of goods. Generally, staff who control access of visitors haven't been submitted to security training which could provide them with guidance as to meeting specific rules established by the building administrators. In addition, this type of professional usually thinks of criminals as poorly-dressed individuals with a menacing look. Among professionals working in the field of security, it is often said that "no suit-wearing man or mini-skirted lady will ever be denied easy access to residential buildings".

O malandro

Kurt Weill e Bertold Brecht – versão livre de Chico Buarque de 1977 (cantor e compositor de música popular brasileira, escritor e autor de peças de teatro)

O malandro, na dureza,
senta à mesa do café.
Bebe um gole de cachaça,
acha graça e dá no pé!

O garçom, no prejuízo,
sem sorriso, sem freguês,
de passagem, pela caixa,
dá uma baixa no português.

O galego acha estranho
que o seu ganho tá um horror.
Pega o lápis, soma os canos,
passa os danos pro distribuidor.

Mas o frete vê que ao todo
há engodo nos papéis.
E pra cima do alambique
dá um trambique de cem mil réis.

O usineiro, nessa luta,
grita "ponte que partiu"!
Não é idiota, trunca a nota,
lesa o Banco do Brasil.

Nosso banco tá cotado
no mercado exterior
Então taxa a cachaça
a um preço assustador.

Mas os ianques, com seus tanques,
têm bem mais o que fazer.
E proíbem os soldados

The trickster

Kurt Weill and Bertolt Brecht – free adaptation by Chico Buarque, 1977 (Brazilian popular music singer and composer, author and playwright)

When short of cash, a trickster
sits by the breakfast table.
He has a glassful of cachaça,
finds it funny and beats it!

The waiter, accounting for the loss,
wears a frown for losing a customer and,
when walking past the register,
dishes the owner the bad news.

The pub owner himself finds it strange
that his profit is taking a hit.
He picks up a pencil, adds it all up and
passes the losses forward to the supplier.

But the man spots
the swindle in the paperwork.
He then transfers a
100 grand debt over to the distillers.

Caught in the middle of the scheme, the mill owner cries "Holy smokes!"

He's not an idiot, so he writes it off as losses and stiffs Banco do Brasil.

Our federal reserve Is listed
in the foreign stock exchange.
As such, cachaça
taxes go through the roof.

But the Yankees with their tanks
have a lot more in their hands.
And put a ban on

aliados de beber.

A cachaça tá parada,
rejeitada no barril.
O alambique tem chilique
contra o Banco do Brasil.

O usineiro faz barulho
com orgulho de produtor.
Mas a sua raiva cega
descarrega no carregador.

Este chega pro galego
nega arrego, cobra mais.
A cachaça tá de graça,
mas o frete: como é que faz?

O galego tá apertado.
Pro seu lado não tá bom.
Então deixa congelada
a mesada do garçom.

O garçom vê um malandro,
sai gritando: "Pega ladrão"!
E o malandro, autuado,
é julgado e condenado culpado
pela situação.

A vida é cheia de sonhos que, uma vez concretizados, se transformam em fontes de prazer. É função da segurança proteger esses prazeres, não eliminá-los.

drinking by allies.

Cachaça doesn't sell
and piles up in barrels.
Distilleries throw a fit
at Banco do Brasil.

Mill owners raise hell,
proud producers as they are.
But their blind anger
hits distributors hard.

They get back to the pub owner
and don't cave at all: they charge more.
Cachaça is free,
but shipping fees!!! What are we to do?

The pub owner is in a tight spot.
Things don't look too good for him.
Then the
waiters' tips are seized.

The waiter sees a trickster
and hollers out: Catch that guy!
And, after being booked, the crook
is judged and found guilty of
the whole thing".

Life is full of dreams which, once fulfilled, turn into sources of pleasure. The role of security is to protect such pleasures, not terminate them.

O mito da pessoa suspeita

A origem da "pessoa suspeita" está ligada à época do crime, entre as décadas de 1930 e 1940, quando se costumava dizer: "crime na mão e samba no pé". Era o tempo dos batedores de carteira, dos praticantes do conto do vigário, do conto do bilhete premiado. Era a época onde a forma de se vestir podia significar alguma coisa, assim como o jeito de andar, as gírias e até o modo de falar. É possível que, por conta disso, tenha sido criado o estereótipo do malandro. Hoje, no entanto, nada disso corresponde à realidade. Rotular as pessoas pela aparência é cometer um erro primário. A maior prova disso pode ser vista dentro dos presídios. Lá, tem velho e novo, alto e baixo, gordo e magro, feio, bonito, saudável, doente, branco, negro, oriental, índio, brasileiro, estrangeiro, cego, surdo, mudo, homossexual, travesti, com ou sem óculos, com ou sem tatuagens, careca ou cabeludo. Em resumo, o presídio reflete o mosaico da aparência da própria sociedade, heterogênea por natureza. Assim, o conceito de pessoa suspeita dá lugar à atitude suspeita, por parte de qualquer pessoa. Pode parecer ridículo, mas é comum em histórias de assalto constatar a perplexidade da vítima ao dizer que o bandido parecia uma pessoa normal ou que não tinha cara de criminoso. Despir-se desse preconceito é o princípio básico da segurança preventiva.

The myth of the person of interest

The origin of the term "person of interest" is linked to a time in criminal history between the 30s and the 40s when they used to say: "crime in one's hand and samba on one's feet". It was a time when pickpockets, confidence men and tricksters alike abounded. It was the time when dress code - as well as one's stride, slang and rapport - could mean something. It is conceivable that the stereotype about tricksters may have come about thanks to those features. However, none of that matches reality these days. Labeling people by their appearance is making a basic mistake. The best proof of that can be seen within prisons. In there you'll find old and young, tall and short, fat and thin, ugly and handsome, healthy and sick, Caucasians, African-Brazilians, Asians, Indians, Brazilians, foreigners, blind, deaf, mute, homosexuals, transvestites, those wearing glasses or not, tattoo-bearing or not, bald and long-haired folks. In short, prisons reflect the mosaic of society's real appearance: heterogeneity. Thus, the concept of a person of interest gives way to that of suspicious behavior portrayed by any person. It might seem ridiculous, but it is common in robbery cases to notice how puzzled victims are to report how much of a normal-looking person the criminal was and how little he looked like a crook. Losing the prejudice is the basic principle in preventive security.

2.2 Década de 1960: presos políticos e presos comuns

2.2 The 60s: political and average prisoners

Foi em 1964, com o início do regime autoritário no Brasil, que começou um fenômeno decisivo para o atual cenário do crime no país. Militantes contrários ao governo eram perseguidos e encarcerados. Assim, tornavam-se presos políticos. Mas o sistema de presídios e os locais de confinamento para os quais eram encaminhadas essas pessoas não eram exclusivos aos presos dessa natureza. Ao contrário: nesses espaços, juntavam-se os capturados por motivos políticos e presos comuns. A cadeia no Brasil, na essência, é caracterizada pelo ócio. Essa combinação do desenvolvimento intelectual dos presos políticos e o traquejo para a marginalidade dos presos comuns deu origem à chamada universidade do crime. Ao sair dos presídios, depois do cumprimento da pena ou por motivo de fuga, esses indivíduos têm a mente trabalhada para a prática de crimes muito mais articulados, estrategicamente pensados, estruturados. Na prática, um sujeito preso por furto sai pronto para planejar e executar um sequestro ou roubo a banco. Assim, há o incremento do crime e a incorporação da estratégia no planejamento de golpes mais elaborados. De certa forma, esse confinamento de presos políticos com presos comuns contribuiu para piorar o cenário de violência urbana.

It was in 1964 - in the early days of the authoritarian regime in Brazil - that a decisive phenomenon took place, thus contributing to the current criminality scenario in the country. Militants opposed to the Government were persecuted and imprisoned. Thus, they became political prisoners. However, prisons and confinement spaces these people were sent to were not dedicated exclusively to accommodating such prisoners. On the contrary: these spaces received both political and regular offenders. In essence, prisons in Brazil are characterized by idleness. The combination of intellectual development presented by political prisoners and the expertise in criminality shown by regular offenders gave rise to the so-called "university of crime". Once reaching the end of their sentence and leaving (or escaping) prison, such individuals have their minds wrapped around far more articulate and strategically structured crimes. In practice, someone arrested for shoplifting leaves prison ready to plan and execute a bank robbery or kidnapping. Therefore, there is an increase in criminality and the incorporation of a strategy in planning more elaborate crimes. In a way, the gathering of political prisoners and regular prisoners in confinement has contributed to worsening the urban violence scenario.

2.3 Década de 1970: a droga como instrumento de liberação

2.3 The 70s: drugs as liberation instruments

O fim da década de 1960 foi marcado por uma intensa revolução comportamental. Grupos sociais contrários às guerras do Vietnã e à própria Guerra Fria surgiram com movimentos opostos à rigidez da polarização do mundo e dispostos a quebrar regras sociais. Foi nessa época que grupos feministas e defensores dos direitos dos negros e homossexuais ganharam força mundo afora e, inegavelmente, contribuíram para a sociedade com grandes conquistas de direitos.

Alguns historiadores chamam esse fenômeno de contracultura, como é o caso, por exemplo, dos hippies. Uma das principais manifestações desse comportamento, o Festival de Woodstock, ou Woodstock Music & Art Fair, realizado na pequena cidade de Bethel, estado de Nova York, entre 15 e 18 agosto de 1969, marcou essa fase de questionamento da juventude alternativa da época. No entanto, em meio a pleitos legítimos, dominava um clima de "liberação geral", com "drogas, sexo e rock'n'roll". Foi nesse momento que grupos criminosos se interessaram pelo tráfico desses entorpecentes de uso ilegal. Assim, dado o volume de substâncias consumidas e o mercado paralelo criado por essa demanda, surgem as facções especializadas nesse ramo. A droga vira negócio.

The end of the 60s was marked by an intense behavioral revolution. Social groups opposed to the Vietnam war and the cold war itself came up with movements opposed to rigidity in the polarization of the world and were willing to break social rules. It was at this time that feminist groups and advocates for the rights of African-Americans and homosexuals gained strength worldwide and, undeniably, contributed to important legal achievements in the society.

Some historians have dubbed this phenomena "counterculture", as was the case, for example, with the hippie movement. The Woodstock Festival, or Woodstock Music & Art Fair, held in the small town of Bethel, New York between 15 - 18 August 1969, became one of the main manifestations of this behavior and an important statement in this phase of questioning by the youth back in the day. However, a mood of "complete freedom" associated to "sex, drugs and Rock'n'roll" ruled amidst legitimate pleas. It was at that moment that criminal groups got interested in dealing such illegal drugs. Consequently, given the volume of substances consumed and the black market created by that demand, specialized criminal factions came into being. Drugs become a business.

Woodstock

O Festival de Woodstock foi um festival de música que ocorreu no fim da década de 1960 nos Estados Unidos. Inicialmente, discutiu a criação de um estúdio de gravação na cidade de Woodstock. A ideia evoluiu para a organização de um evento que teve anúncio no jornal *The New York Times* e vendeu cerca de 186 mil ingressos. Para a surpresa dos organizadores, o evento reuniu cerca de meio milhão de pessoas, que derrubaram barreiras e transformaram o evento numa grande manifestação pública. A cidade de Bethel, onde ocorreu o evento, ficou tomada por um clima de "calamidade pública", conforme manchetes da época. Embora o festival tenha sido reconhecidamente pacífico, dado o número de pessoas e as condições envolvidas, houve duas mortes registradas: a primeira resultado de overdose de heroína e a outra por atropelamento. Símbolo dos ideais da juventude rebelde dos anos 1960, Woodstock foi marcado por música de qualidade excepcional.

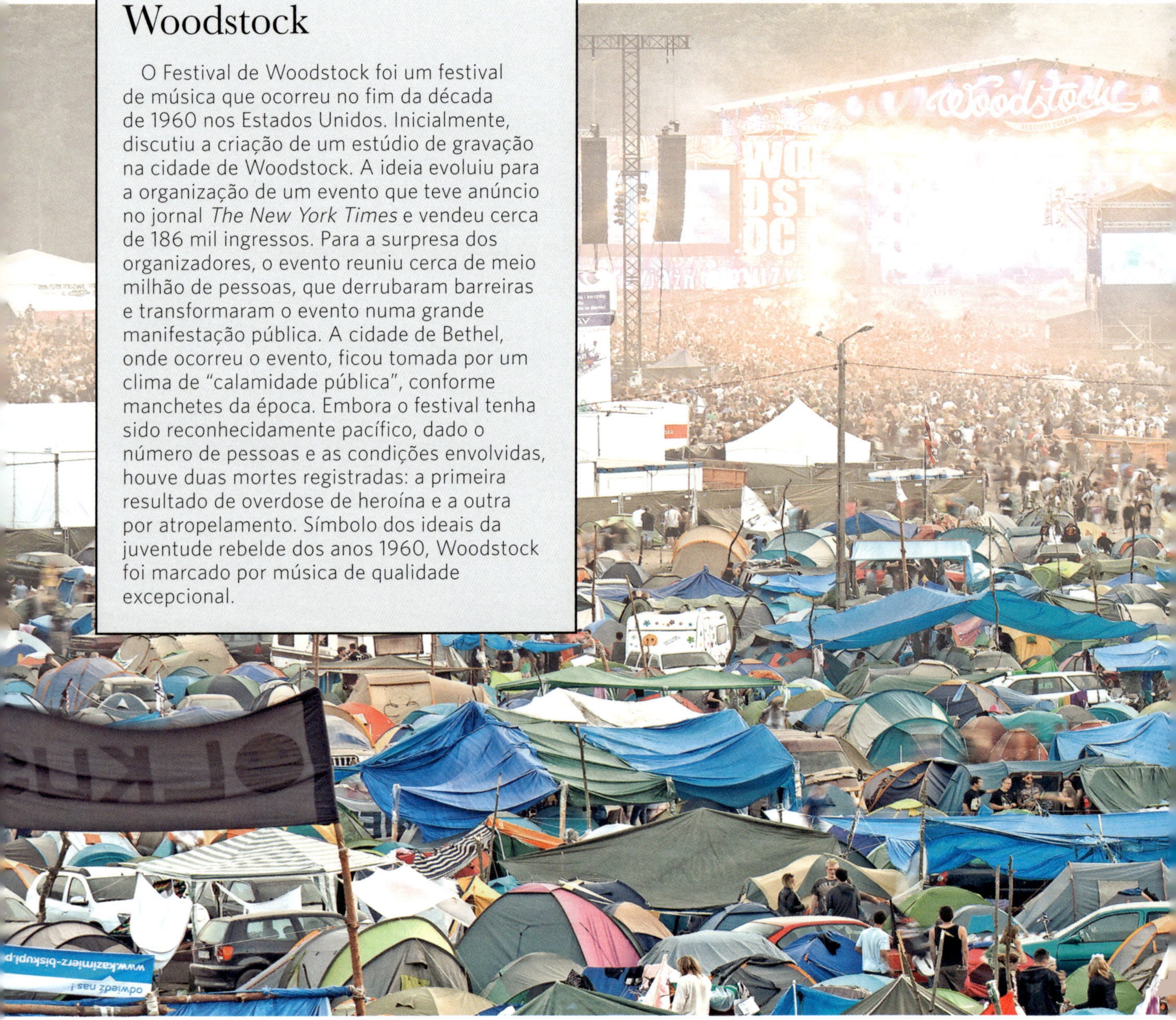

Woodstock

The Woodstock Festival was a music festival which took place in the United States in the late 60s. Initially, a debate was carried out regarding the creation of a recording studio in the town of Woodstock. The idea evolved into the organization of a music festival and an ad was placed in The New York Times, resulting in the sale of around 186,000 tickets. To the surprise of the organizers, the event brought together some half a million people, who tore down barriers and turned the event into a large public demonstration. The town of Bethel, where the festival took place, was swept by a mood of "public calamity", according to the headlines from that period. Although the festival has been known to have been a peaceful one, two deaths were recorded given the number of people and the conditions involved: the first one was the result of a heroin overdose and the second one was run over. A symbol of the ideals of the 60s' rebellious youth, Woodstock witnessed some exceptional quality music.

2.4 Década de 1980: facções criminosas e o tráfico de entorpecentes

2.4 The 80s: gangs and drug trafficking

No fim da década de 1970, o Rio de Janeiro já fazia parte da rota internacional de distribuição de cocaína vinda, principalmente, de países andinos, tendo como destino final a Europa. Foi então que o comércio e tráfico ilegal dessas substâncias tornou-se um negócio mais interessante que o crime comum. Com o tempo, cada facção encontrou em favelas da cidade o seu espaço físico e deram origem a áreas distintas, dominadas por grupos específicos. Há registros que apontam as favelas da Mangueira, Jacaré e Morro do Alemão como as primeiras regiões dominadas pelo tráfico, com pontos de vendas de drogas. Cada grupo tinha seu pequeno "exército" pronto para defender seus interesses da facção rival. A negligência das autoridades a essa ocupação e a impossibilidade de gerenciamento de entrada e saída de drogas e armas diante desse cenário complexo deu origem a ilhas de controle paralelo, governadas por traficantes de diversos grupos que ainda disputam entre si o domínio de cada região.

Mas foi no final dos anos 1980, com o Plano Collor, que o crime se tornou mais parecido com o cenário que vemos hoje. O confisco do dinheiro pelo governo esvaziou não apenas os bolsos da população em geral, mas desmontou em parte o sistema de narcotráfico

In the late 70s, Rio de Janeiro was already a part of the international cocaine distribution route coming mainly from Andean countries and headed towards Europe. It was then that illegal trafficking and dealing in such substances became a more interesting business than regular crime. Over time, each faction found their ground in city slums, which gave rise to distinctive areas controlled by specific drug-dealing gangs. Records indicate that the Mangueira, Jacare and Morro do Alemao slums were the first areas to have drug-dealing spots established and controlled by the drug business. Each group had its small "army", ready to defend their interests from rival factions. The authorities' negligence towards this activity and the impossibility of managing the inflow and outflow of drugs and weapons in such a complex scenario gave rise to parallel control centers managed by traffickers from various gangs fighting among themselves for the control of each region.

But it was with the consolidation of the Collor monetary plan in the late 80s that crime started looking more like the scenario we know today. The Government's seizing of funds emptied the pockets of the population in general and it also partly dismantled the drug-trafficking system established in the outskirts of large cit-

já organizado nas periferias das grandes cidades. O fim da liquidez do mercado afetou diretamente o consumo e o pagamento de dívidas ligadas às drogas. Traficantes que não tinham mais drogas não conseguiam comprar. Os que tinham em estoque não conseguiam revender. Foi então que essas organizações criminosas começaram a articular novas estratégias para obter dinheiro. As questões do tráfico têm ramificações internacionais. O Brasil produz pouca cocaína, importa mais. E paga por isso. Naquele momento, os criminosos tinham de achar uma forma rápida de levantar dinheiro para honrar seus compromissos com os fornecedores da droga. Foi então que teve início uma onda de sequestros de grandes empresários, como Abílio Diniz e Luiz Salles (ambos em 1989), e Roberto Medina (1990). Foram ações muito bem estruturadas, com condições de cativeiro premeditadas. A sociedade brasileira jamais imaginara ações dessa natureza, ainda que previstas no Código Penal de 1940, e não estava preparada para esse tipo de crime. Assim, estava vulnerável àquela forma de violência, mesmo quando se tratava de grandes corporações. Em alguns desses sequestros foram pagas quantias vultosas. Assim, sanaram momentaneamente a demanda dos traficantes por dinheiro. Com o tempo, o sistema de escolta

ies. The end of market liquidity had a direct impact on drug consumption and the payment of debts resulting from such drug abuse. Dealers who had no drugs left couldn't renew their inventory. Those who had it in stock could not move it forward. That was when criminal organizations started drafting new strategies in order to get money. Drug trafficking issues have international ramifications. Brazil imports more cocaine than it produces. And the country pays for it. At the time, criminals had to find a quick way to raise money in order to honor their debts with drug suppliers. It was then that a wave of kidnappings of businessmen, such as Abilio Diniz and Luiz Salles (both in 1989) and Roberto Medina (1990), took place. Those were very well structured stunts with previously-defined captivity arrangements. Brazilian society had never conceived of actions of such nature. Even though such types of crime were provided for in the 1940 Penal Code, society was not prepared for them. Thus, it was vulnerable to that kind of violence, even when it came to big corporations. Some of these kidnappings turned into highly rewarding endeavors. Consequently, traffickers had momentarily solved their demand for quick cash. Over time, security entourages employed by moguls

e segurança dos grandes empresários se adaptou à nova realidade e os criminosos passaram a focar camadas menos abastadas da sociedade. Assim surgiu, anos depois, o sequestro de médios e pequenos empresários, além de trabalhadores em geral. Teve início um fenômeno conhecido como "banalização" do sequestro que será explicado adiante.

in the corporate world adapted to the new reality and criminals started focusing on less affluent layers of the society. Thus, years later, arose a branch of kidnapping geared towards medium and small entrepreneurs, as well as members of the working class in general. A phenomenon known as "trivialization" of kidnappings (to be explained further on) came into being.

Presos políticos e o Comando Vermelho

No início dos anos 1980, a imprensa, principalmente a carioca, vinculou a organização criminosa Comando Vermelho às organizações de vanguarda que lutaram contra o governo no final dos anos 1960 e início dos anos 1970. Aparentemente, o que levou a imprensa a adotar (e a sociedade brasileira a aceitar) essa abordagem dos fatos foi a semelhança entre o tipo de crime e a ousadia com que eles eram praticados pelo Comando Vermelho e as ações praticadas pelos guerrilheiros dos anos 1960/1970. Os assaltos e sequestros realizados pelo Comando Vermelho, sempre bem planejados e normalmente bem-sucedidos, surpreenderam nossa polícia na época, início dos anos 1980, já que não tinha estrutura suficiente para combatê-los. A criminalidade não é estanque e já havia uma mudança em curso. A diferença é que, sem as expropriações realizadas pela guerrilha, provavelmente essa mudança seria mais lenta.

(Trecho extraído do artigo Dura Lex, Sed Lex — A luta pelo reconhecimento dos presos políticos no Brasil (1969-1979), de Cátia Faria, publicado em outubro de 2008 na *Revista Histórica*, número 33.)

Political prisoners and the Comando Vermelho

In the early 80s the press - particularly that in Rio de Janeiro - managed to connect the criminal organization dubbed Comando Vermelho to the cutting-edge organizations which fought against the Government in the late 60s and early 70s. Apparently, what led the press to approach (and the Brazilian society to accept) facts in such a way was the similarity between this type of crime – as well as the boldness with which they were committed by Comando Vermelho – and those crimes committed by guerrillas in the 60s and 70s. Robberies and kidnappings carried out by Comando Vermelho back in the early 80s had always been well planned and usually successful, managing to surprise the police, who did not have enough structure to fight them. Crime is not watertight and a change was already underway. The difference lies on the fact that change would probably have been slower if it wasn't for the dispossession carried out by guerrillas.

(Excerpt from the article Dura Lex, Sed Lex — The struggle for recognition of political prisoners in Brazil (1969-1979), by Catia Faria, published in October 2008 in Revista Historica, issue 33.)

2.5 Década de 1990: surgimento do PCC

2.5 The 90s: the rise of the PCC

Em 2 de outubro de 1992, uma briga entre presos no Pavilhão 9 da Casa de Detenção de São Paulo deu origem a uma rebelião de grandes proporções. A intervenção da Polícia Militar, liderada pelo coronel Ubiratan Guimarães, tinha como objetivo conter a revolta dos presos, mas acabou em cento e onze mortes, segundo números oficiais. Sobreviventes do Massacre do Carandiru, como foi chamado pela imprensa, afirmam que o número de mortos foi superior ao divulgado e que policiais teriam atirado em detentos já rendidos ou escondidos nas celas.

A operação trouxe à tona, principalmente por meio da imprensa, uma discussão sobre os maus tratos e más condições de alojamento de detentos. O pleito deu origem à formação do Primeiro Comando da Capital, ou PCC, no ano seguinte ao evento. O grupo pretendia "combater a opressão dentro do sistema prisional paulista" e "vingar a morte dos cento e onze presos". Mas a suposta origem do PCC, um dos principais grupos do crime organizado no Brasil, é muito questionada e não há provas claras de que haja qualquer ligação entre a facção criminosa e o Massacre do Carandiru. "A partir de sua fundação em 1993, o PCC também passou a acumular forças para tentar pressionar o Estado, por meio de violência e de ameaças, para obter

On October 2, 1992 a fight between prisoners in Pavilion 9 of the Sao Paulo penitentiary resulted in large scale prison riot. Under the command of Colonel Ubiratan Guimaraes, the intervention by the military police aimed at controlling the riot but ended up in 111 deaths, according to official data. Survivors of the Carandiru Massacre - as it was dubbed by the press - claim that the death toll was higher than officially-disclosed figures and that cops may have shot detainees who had already surrendered or who were hiding in their cells.

Mainly thanks to the press, the operation resurfaced a debate about ill-treatment and poor conditions of accommodation for inmates. The issue gave rise to the establishment of the Primeiro Comando da Capital, or PCC, in the year after the event. PCC intended to "fight oppression within the Sao Paulo penitentiary system" and "avenge the death of 111 prisoners". But the supposed origins of PCC, one of the mainstream organized crime groups in Brazil, is broadly challengved and there is no clear evidence of any connection between the criminal faction and the Carandiru Massacre. "From its inception in 1993, PCC also started building up its strength to try and put pressure on the State by means of violence and threats in order to achieve better living

melhores condições de vida e até regalias para os presos. Porém, os governos paulistas jamais admitiram ter negociado com o PCC."*

(*Trecho extraído da matéria Matança no Carandiru motivou formação de facção criminosa, publicada em 2 de outubro de 2012 no portal da BBC Brasil, escrita por Luís Kawaguti.)

Julgamento e morte do coronel Ubiratan

O coronel Ubiratan Guimarães foi condenado, em junho de 2001, a 632 anos de prisão por 102 das 111 mortes do Massacre do Carandiru. Um ano depois foi eleito deputado estadual por São Paulo e assim teve o julgamento do recurso sobre a sentença inicial realizado pelo Órgão Especial do Tribunal de Justiça. A sentença condenatória, proferida em julgamento pelo Tribunal do Júri, foi julgada um equívoco por vinte votos a dois, absolvendo o réu.

A decisão causou indignação em diversos setores da sociedade, que reconheceram a decisão como um retrocesso da justiça brasileira. Em 10 de setembro de 2006, Ubiratan foi assassinado com um tiro. No muro do prédio onde morava foi pichada a frase "aqui se faz, aqui se paga", em referência ao Massacre do Carandiru.

conditions and even perks for prisoners. However, Sao Paulo administrators have never admitted to having negotiated with the PCC."*

(*Excerpt from the article Manslaughter in Carandiru paves the way for criminal faction, written by Louis Kawaguti and published on 2 October 2012 in the BBC Brazil portal.)

Colonel Ubiratan's trial and death

In June 2001, Colonel Ubiratan Guimaraes was sentenced to 632 years in prison for 102 of the 111 deaths in the Carandiru Massacre. A year later he was elected State Congressman for Sao Paulo and filed an appeal on the initial sentence with the Special Court of the Justice System. The enforceable judgment rendered at the trial by jury found (20 votes to two) the sentence to be a mistake and acquitted the defendant. The decision stirred indignation in various segments of society which acknowledged it as a step backwards for the Brazilian justice system. On 10 September 2006, Ubiratan was murdered with one single shot. On the wall of the building where he lived a spray-painted sentence referring to the Carandiru Massacre read: "what goes around, comes around."

2.6 Década de 2000: novos tipos de sequestro — governo, polícia e sociedade

2.6 The 2000s: new types of kidnapping — government, police and society

As dificuldades impostas pelos dispositivos de segurança e métodos preventivos implementados por grandes empresas aos seus diretores e executivos mudou o foco das quadrilhas de sequestradores. Os donos de grandes empresas deixaram de ser o alvo principal de sequestros e desviou-se a atenção dos criminosos para proprietários e trabalhadores de empresas de menor porte, como comércio em geral e pequenos empreendimentos. Assim, com foco menos ambicioso e aproveitando a fragilidade desse novo perfil de vítima, uma categoria de criminosos menos preparada tomou conta dos noticiários.

Nessa mesma época, com a disputa acirrada dos bancos por clientes, foi instalado um grande número de caixas eletrônicos nas cidades. Surgiu aí um subproduto do sequestro comum: o sequestro relâmpago. Nessa modalidade, a vítima, geralmente sequestrada em seu veículo, é mantida por um curto espaço de tempo sob controle dos bandidos. Esse período em poder dos sequestradores é apenas o necessário para que os criminosos façam compras e saques utilizando cartões de crédito e débito em caixas eletrônicos. Essa mudança de foco gerou a banalização do sequestro e tornou qualquer grupo de criminosos "capaz" de realizá-lo, treinado ou não. A falta de planejamento para as ações aumentou ainda mais

Difficulties brought about by security features and preventive methods implemented by large companies with regards to their executives and directors have caused kidnapping gangs to change their focus. Owners of large companies are no longer the main target of kidnappings since criminals' attention has shifted towards owners of smaller businesses - such as general retailers and small enterprises - and their employees. Thus, with a less-ambitious focus and taking advantage of the weaknesses portrayed by their new victims' profile, a brand of less-prepared criminals has taken over the news.

At the same time, as a result of the fierce war for new customers waged by local banks, a large number of ATMs has been deployed in several cities. That, in turn, paved the way to a byproduct of regular kidnapping: the express kidnapping. Victims of this type of crime are usually kidnapped while driving their cars and are kept at the mercy of their kidnappers' for a short amount of time. That short period is just enough for criminals to buy a few items and withdraw some money using their victims' credit and debit cards at ATMs. This shift in focus has caused this type of crime to become something trivial, enabling any criminal group - whether properly trained or not - to perform it. The lack of planning re-

o risco da vítima. Chegou um momento em que eram registrados cerca de 40 casos dessa natureza por mês no Estado de São Paulo. Diante disso, governo, polícia e sociedade resolveram intervir.

Em São Paulo, foi criada uma divisão específica para lidar com sequestros, a DAS (Divisão Antissequestro), então uma Delegacia de Polícia. Nasceram ainda os programas Disque Denúncia (cada Estado com sua característica) e os bancos passaram a adotar medidas de segurança contra esse tipo de crime, como restrição de horários e quantias para saques, iluminação e melhor localização para os caixas eletrônicos. A sociedade foi chamada a observar e denunciar atitudes suspeitas e colaborar com essa fiscalização. Muitas empresas levaram os caixas eletrônicos para dentro de suas dependências com o intuito de proteger os funcionários. Supermercados e shoppings centers passaram a ser os principais locais de uso desses equipamentos. O criminoso, com isso, se viu com maior dificuldade para fazer o sequestro-relâmpago. A polícia adotou um esquema eficiente de patrulhamento de moto para abordar pessoas em atitudes suspeitas próximas aos caixas eletrônicos. A partir daí, essa modalidade se tornou um mau negócio. Diminui-se assim sua incidência, mas, como o crime segue a lógica da Física,

garding such criminal actions has raised risk levels for the victims. There was a time when 40 occurrences of this nature were recorded on a monthly basis in the State of Sao Paulo alone. Given that scenario, Government, police and society decided to intervene.

DAS (Divisao Antissequestro), a specific anti-kidnapping division which, until then, had operated as a mere police station, was established in Sao Paulo. Crime tips hotline programs have been created (each State programme has its own features) and banks started adopting safeguards against this type of crime, such as schedule and withdrawal restrictions, lighting fixtures and better ATM locations. The society was called upon to observe and report suspicious behavior and to cooperate with this type of surveillance. Many companies have taken ATMs inside their premises in order to protect their employees. Supermarkets and shopping malls have become the main locations for using this type of equipment. Given that scenario, criminals have come across a much less conducive environment for express kidnapping actions. The police have adopted an efficient motorcycle patrolling system to approach people displaying suspicious behavior near ATMs. From then on, this type of crime has turned into a bad deal. Consequently, its frequency is reduced. But

segundo a qual "para toda ação há uma reação", houve nova migração de foco dos bandidos. Surgem então as extorsões por telefone. Esse golpe começou com os presidiários, que, precisando carregar seus créditos de telefonia celular, para continuar operando o crime de dentro da cadeia, ligavam aleatoriamente para telefones obtidos em listas telefônicas e, mediante uma ameaça, exigiam que suas vítimas adquirissem créditos de telefonia celular e lhes passassem os códigos para carregamento. Muitas pessoas, de forma simplista, querendo apenas se livrar do problema rapidamente, atendiam essas exigências, o que acabou por transformar essa conduta criminosa de baixo risco em um bom negócio para os bandidos e, dessa forma, essa modalidade criminosa se espalhou pelo Brasil inteiro, com golpes cada vez mais criativos utilizados pelos criminosos para iludir as suas vítimas.

Com o passar do tempo esse golpe foi perdendo o efeito graças a um trabalho de divulgação feito pela polícia e pela imprensa que acabou por alertar as pessoas, e a incidência desse tipo de crime foi reduzida significativamente.

Começou então a onda de explosão de caixas eletrônicos. Já que estava mais difícil abordar as vítimas, os criminosos passaram a violar os equipamentos. Com

since crime follows the logic of Physics in that "for every action there is a reaction", criminals have shifted their attention elsewhere. That's when crimes of extortion by phone came into play. This type of scam started out with inmates who, in need to get additional mobile phone credit so that they could continue running criminal operations from prison, dialed random phone number obtained from phone books and threatened their victims demanding they bought mobile phone credit and sent the inmates the recharging codes. In a simplistic manner, many people looking to get rid of the problem quickly met those demands, which in turn transformed this low-risk criminal conduct in a good business for criminals. Thus, this type of crime spread all over Brazil, with bigger and bolder scams being enforced by criminals in order to deceive their victims.

Over time, this scheme became less efficient thanks to an outreach programme carried out by the police and the press which eventually managed to warn people and reduce significantly the recurrence of this type of crime.

Then a new wave of ATM blasting crimes started taking place. Since it became more difficult to approach victims, criminals began attacking the equipment itself. With cheap material (dyna-

material barato (dinamite), pouco fiscalizado pelo poder público, as quadrilhas conseguiam explodir os caixas. A estratégia fez com que as mesmas empresas que levaram os equipamentos para dentro de suas dependências não quisessem mais abrigá-los. Embora muitos funcionários de grandes empresas tenham sido contra a retirada desses equipamentos — para não abrir mão do conforto —, muitas delas já conseguiram eliminá-los. É importante ressaltar que um novo tipo de crime não exclui definitivamente a ocorrência de um tipo mais antigo, menos usual por parte dos criminosos. De vez em quando reaparecem casos de golpes que foram moda em determinado momento da história.

mite) and very little control of such resources by the government, gangs managed to blast ATMs apart. The strategy has caused those companies willing to take the equipment indoors to give up the idea altogether. Although many employees in large companies have stood against the withdrawal of ATMs — not to give up their comfort — many companies have already managed to do away with such equipment. It is important to highlight that a new kind of crime does not exclude an older-standing, less usual crime from the minds of criminals. Some scams that were big hits at certain moments in history resurface every now and then.

Para cada medida, uma contramedida

Como reação aos roubos de caixas eletrônicos com explosivos, um dispositivo que manchava as notas durante a violação do equipamento foi implementado. No entanto, em pouco tempo os criminosos acharam um produto que conseguia limpá-las. Outra medida adotada pelos bancos era lançar uma fumaça no local caso o caixa eletrônico fosse atacado. Isso, de fato, dificultava não só a visão do bandido. Em contrapartida, impedia as câmeras de segurança de registrar o roubo. E segue a dinâmica: novos crimes, novos sistemas de proteção.

To each measure, a countermeasure

As a mechanism designed to fight ATM blasting schemes, a device which smears the bills in paint in case ATMs are breached is installed within the equipment. However, before long the criminals identify a product which can wash the bills clean. Another measure adopted by banks is to fill ATM vestibules with smoke in case of an attack. In fact, that blurred out not only the criminal's line of sight. It also kept security cameras from capturing images of the theft. And this is the dynamics that unfolds: new crimes followed by new protection systems.

2.7 Tendências para o futuro

2.7 Trends for the future

O Brasil viveu, nas últimas décadas, uma transformação significativa em sua pirâmide social. A ascensão de uma grande parcela da população que estava na linha de pobreza deu origem à chamada nova classe média brasileira. Com isso, aumentou no país a quantidade de bolsões de riqueza e a circulação de bens pelos centros urbanos mais adensados. Na prática, há mais vítimas em potencial para os bandidos. Da mesma forma que os carros-fortes se adaptaram aos tiros de fuzil — antes eram vulneráveis a esse tipo de ataque —, as instituições financeiras têm apresentado novas tecnologias para conter golpes e assaltos. Pouco se fala no prejuízo dos bancos com esse tipo de ataque. Com o objetivo de manter a imagem da instituição, as empresas investem cada vez mais em dispositivos de segurança.

Um exemplo mais recente de implementação de sistema de segurança é a chamada identificação por biometria.

In past decades, Brazil has been through a significant transformation in its social structure. The ascension of a large portion of the population who was previously in the poverty line gave rise to the so-called "new Brazilian middle class." Given that scenario, pockets of wealth and the movement of goods have increased in more populated urban areas throughout the country. In practice, there are more potential victims for criminals. In the same way armored trucks have adapted to withstand riffle rounds — they were previously vulnerable to this type of ammunition — financial institutions have introduced new technologies to curtail attacks and robberies. Little is said about losses experienced by banks in the wake of such crimes. In order to preserve the image of the institution, companies are increasingly investing in security devices.

A more recent example of the deployment of security systems is the so-called biometrics identification. Already

Presente em celulares, computadores e caixas eletrônicos, esse sistema tornou obsoleto o uso de senhas alfabéticas ou numéricas. No caso de um sequestro relâmpago, era muito simples para o bandido conseguir esse código mediante extorsão e fazer as retiradas de dinheiro nos caixas. O sistema de leitura de impressões digitais, além de tornar a operação de saque mais rápida para o usuário, tem a segurança de funcionar apenas com a presença do proprietário da conta. É capaz, inclusive, de mensurar a temperatura do dedo de quem usa o equipamento, e evita assim mutilações da vítima durante o sequestro. O Brasil é um dos pioneiros no desenvolvimento e implantação dos sistemas de leitura biométrica em bancos. É claro que esse tipo de tecnologia ainda está em expansão, mas acreditamos que num futuro próximo, quando houver maior integração do aparato eletrônico, dos bancos de dados, da inteligência policial e outros, o espaço para ações criminosas presenciais e violentas tende a diminuir.

Infelizmente, acredita-se que o cenário do crime no Brasil ainda não esteja em seu ápice. Indicadores apontam para uma piora nos índices de delitos antes da retração dessas cifras. O enriquecimento da população combinado com a falta de educação para a segurança potencializa a realização do crime. No entanto, aos poucos começa-se

in use on cell phones, computers and ATMs, this system has rendered the use of alphabetic or numeric passwords obsolete. In the event of an express kidnapping, it was very straightforward for criminals to obtain such codes through extortion and withdraw money at ATMs. Apart from making withdrawal operations faster for users, the fingerprint reading system is safer because it only works when the account holder is physically there. It is even capable of measuring the temperature of the finger of those using the ATM, thus avoiding mutilations of victims during kidnappings. Brazil is one of the pioneers in the development and deployment of biometric reading systems in banks. This kind of technology is obviously still expanding, but we believe that in the near future - when there is a greater integration between the device, banking database, police intelligence and other systems - opportunities for face-to-face, violent criminal actions tend to decrease.

Unfortunately, it is believed that the crime scene in Brazil has not reached its peak yet. Figures indicate a worsening in the number of offenses before indicators show any sign of pulling back. Associated with the population's growth in wealth, the lack of security education leverages the possibilities of succeeding in the crime.

a vislumbrar um cenário de conscientização que aponta para a reversão desse quadro. À medida que os cidadãos passam a tratar a segurança como um dos elementos que devem ser administrados no dia a dia e tiram da polícia a total responsabilidade de proteção da sociedade, começam a surgir os primeiros resultados de uma racionalização de atitudes pró-segurança. Assim, diminui-se a vulnerabilidade das pessoas sem perder qualidade de vida.

However, one gradually begins to envision a scenario of awareness leading towards the reversal of that picture. As citizens begin to handle security as one of the elements that must be managed on a daily basis, exempting the police from the full responsibility for protecting the society, the first results of a pro-security rationalization attitude shall emerge. Thus, people's vulnerability is reduced without compromising their quality of life.

2.8 Ideias para uma nova era: a Teoria das Janelas Quebradas

2.8 Ideas for a new era: the Broken Windows Theory

Pouca gente presta atenção nos dizeres da bandeira nacional brasileira. "Ordem e Progresso" tem origem nos ideais da corrente filosófica do positivismo, do final do século XIX, e é uma simplificação do lema de autoria do francês Auguste Comte: "O amor por princípio e a ordem por base: o progresso por fim". Muitos enxergam a frase estampada na bandeira como o somatório de duas palavras: ordem e progresso, juntos. No entanto, o significado da sucessão dessas duas palavras pressupõe causa e consequência. Na prática, pode-se interpretá-lo da se-

Few people pay attention to the writing on the Brazilian national flag. "Order and progress" has its origins in the philosophical ideals of positivism from late 19th century, and is a simplification of the motto written by Frenchman Auguste Comte: "love as a principle, the order as a foundation, and progress as a goal." Many perceive the phrase emblazoned on the flag as the sum of two words: order and progress, together. However, the meaning of the position of these two words infers cause and consequence. In practice, one can interpret it as follows: "if there is

guinte forma: "se há ordem, há progresso" ou "se não há ordem, não há progresso". O lema da bandeira nacional traz à tona a seguinte premissa: organização gera organização e, se seguirmos essa regra, podemos aceitar que limpeza gera limpeza, respeito gera respeito e assim sucessivamente, pois não deixamos de acreditar na famosa máxima do filósofo e pensador Jean Jacques Rousseau, na qual afirma que "o homem é produto do meio".

No entanto, acreditamos também na corrente contrária, na qual se defende que "o meio é produto do homem"; nessa hipótese, o homem se aproxima mais como um protagonista na criação do contexto onde vive. O que defendemos verdadeiramente é a capacidade, a iniciativa, a habilidade transformadora do ser humano e sobretudo neste livro auferimos uma espécie de autotutela que todos nós devemos ter em relação ao tema segurança e isso se traduz na frase "o homem faz o seu meio". Em outras palavras, reconhecemos que o governo e a polícia não são onipresentes, ou seja, não estão em todos os lugares ao mesmo tempo, não são onipotentes. Vale dizer que não podem tudo e lamentavelmente muitas vezes não são lá muito eficientes e, dessa forma, é preciso assumir a nossa condição de sujeito ativo responsável pela segurança. Nesse sentido, sábio foi o legislador quando da elabora-

order, there is progress" or "if there is no order, there is no progress". The motto on the national flag raises the following assumption: organization brings about organization and if we are to follow this rule, one can accept that cleaning generates cleanliness, respect begets respect and so on. We haven't stopped believing the famous words by philosopher and writer Jean Jacques Rousseau when he stated that: "man is the product of his environment". On the other hand, we also believe in the contrary trend which argues that "the medium is the product of man." In this scenario, man is more of a leading role in the establishment of the context he lives in. What we truly advocate for is the ability, the initiative, the transforming ability of the human being and, especially in this book, we conceive a type of self-tutelage all of us should have with regards to security and this is best translated in the phrase: "man makes his environment". In other words, we acknowledge that the Government and the police are not omnipresent, that is to say they are not everywhere at the same time and are not omnipotent. It is important to acknowledge they are not able to do everything and that, unfortunately, they are not very efficient. As such, we must play our role as active individuals in charge of security. In this sense, the legislator was wise when

ção da Constituição Federal ao asseverar no art. 144 que: "... Segurança Pública é dever do Estado, direito e responsabilidade de todos". Já reparou como as instalações do metrô de São Paulo são impecáveis? Sujeira e mobiliário quebrado raramente são vistos nas plataformas da capital paulista. Isso ocorre graças a um sistema efetivo de reposição e manutenção que faz reparos e limpeza quase em tempo real. Quanto mais limpo e organizado o local, mais as pessoas respeitam.

Essa tese não é novidade. Em 1969, o psicólogo Philip Zimbardo, da Universidade de Stanford (EUA), realizou uma interessante experiência social. Estacionou dois carros idênticos, do mesmo modelo e marca, na rua. O primeiro foi abandonado no Bronx, bairro periférico de Nova York marcado pelo vandalismo e problemas de violência. O outro foi deixado em Palo Alto, zona abastada e tranquila do estado da Califórnia. Uma equipe de especialistas em psicologia social dispôs-se a estudar a reação das pessoas em cada um desses universos. O carro estacionado no Bronx foi atacado em poucas horas. Teve as rodas, o motor, espelhos, rádio etc. roubados. O que as pessoas não puderam levar virou alvo de destruição. O carro abandonado em Palo Alto foi totalmente preservado. Terminada a experiência no Bronx, decidiu-se prosseguir com o laboratório em Palo Alto. O carro que estava intacto teve um dos vidros quebrados pelos pesquisadores. O resultado veio em seguida: um processo de depredação semelhante ao verificado no Bronx foi desencadeado. Aos poucos, o vandalismo deixou o veículo na mesma situação.

A explicação da equipe para o fenômeno remete à psicologia humana, e não necessariamente à situação social. O vidro quebrado dá ideia de abandono, indiferença do dono em relação ao bem. Denota ausência de regras, falta de cumprimento de leis. A cada novo ataque, essa ideia é reforçada e aumenta o convite à destruição completa.

drafting the Federal Constitution by asserting in art. 144 that: "... Public Security is the duty of the State and the right and responsibility of all." Have you noticed how Sao Paulo subway stations are spotless? Dirt and broken furniture are rarely seen on the platforms in the city of Sao Paulo. This is due to an effective replacement and maintenance system which schedules repairs and cleaning runs virtually in real time. The cleaner and more organized a venue is, the more people respect it.

This principle is nothing new. In 1969, psychologist Philip Zimbardo of the Stanford University (USA) held an interesting social experiment. He had two identical cars - same model and brand - parked on the street. The first one was left in the Bronx, New York, a neighborhood known for its issues with vandalism and violence. The other one was left in Palo Alto, a wealthy and peaceful area in the State of California. A team of social psychology experts was assembled to study people's reaction in each of these areas. The car they had parked in the Bronx became a target in a few hours. Its wheels, engine, mirrors, stereo, etc., were stolen. Whatever people couldn't take away became the target of destruction. The car left in Palo Alto was fully preserved. When the Bronx experiment came to an end, they decided to maintain the one in Palo Alto. The car, which was intact, had one of its windows smashed by the researchers. The result came a bit afterwards: a destruction process akin to the one verified in the Bronx was triggered. Gradually, vandalism left the second vehicle in the same condition.

The team's explanation for the phenomenon refers to human psychology and not necessarily to social status. The broken window gave off a notion of abandonment and indifference by the owner with regards to his asset. It communicates the absence of rules and lack of compliance with the law. This notion is reinforced with each

Na prática, pode-se interpretá-lo da seguinte forma: "se há ordem, há progresso" ou "se não há ordem, não há progresso".

In practice, one can interpret it as follows: "if there is order, there is progress" or "if there is no order, there is no progress".

Em 1982, com base na experiência de Zimbardo, os cientistas sociais James Wilson e George Kelling publicaram na edição de março da *The Atlantic Monthly* — revista norte-americana fundada em 1957 na cidade de Boston — a "Teoria das Janelas Quebradas". O texto revela que o vandalismo é mais expressivo em regiões onde descaso, sujeira e caos são maiores. Se uma comunidade dá sinais de deterioração, e esse fato parece não importar a ninguém, isso fatalmente será fator de geração de delitos. O trecho inicial do artigo revela o princípio da teoria: "Considere um edifício com algumas janelas quebradas. Se as janelas não forem arrumadas, a tendência é de ter as demais janelas quebradas por vândalos. A consequência provável disso é a invasão do prédio e, se o imóvel estiver desocupado, a ocupação ilegal do espaço. Outro exemplo: imagine uma calçada com um pouco de lixo acumulado. Em pouco tempo, o volume de lixo começa a aumentar. No final, as pessoas passarão a abandonar sacos grandes de lixo e entulho no local".

Um dos maiores equívocos no tratamento da segurança no Brasil é considerá-la um assunto de governo, e não uma política de Estado. Em geral, trata-se com rigor a consequência do crime e pouco é feito de forma

In 1982, based in Zimbardo's experiment, social scientists James Wilson and George Kelling published the "Broken Windows theory" in the March issue of *The Atlantic Monthly* — an American magazine founded in Boston in 1957. The text reveals that vandalism is most prominent in regions where neglect, dirt and chaos are larger. If a community is showing signs of deterioration and that fact doesn't seem to bother anyone, that will surely be a trigger for criminal acts. The first part of the article reveals the principle behind the theory: "Consider a building with a few broken windows. If the windows are left unrepaired, the trend is for the remaining windows to be broken by vandals. The likely consequence is a scenario in which the building is broken into, followed by the illegal occupation of the property in case it is vacant. Allow us to offer yet another example: imagine a sidewalk with a bit of garbage left on it. Before long, the volume of garbage begins to increase. In the end, people will start dropping off large bags of garbage and rubble at the site".

One of the biggest blunders in handling security in Brazil is to consider it more of a Government issue and less of a state policy one. In general, the consequence of the crime is severely dealt with while little is preemp-

preventiva para evitar que ocorra. É comum, durante a noite, encontrar viaturas policiais com faróis e sinais luminosos apagados em busca de um flagrante de roubo. Se a viatura estivesse com os faróis acesos e os sinais luminosos (giroflex) ligados, espantaria o bandido e, possivelmente, evitaria o delito. E quando acontece um ato de violência grave, um latrocínio ou homicídio, vemos viaturas e policiais dias e dias após o ocorrido na região. É um fenômeno de comoção social decorrente do gerenciamento da crise pela polícia. Mas o que foi feito para que não acontecesse naquele lugar? Algumas correntes defendem que quartéis e delegacias sejam locais agradáveis, atrativos, bem iluminados e que proporcionem ao cidadão um sentimento de acolhimento, quase como semelhante ao que se tem quando se vai a um shopping center.

De fato, essa tese funciona. Quanto mais acolhedoras, tecnologicamente equipadas e visíveis forem as instalações policiais, melhor. O mesmo vale para as viaturas e o uniforme dos policiais. O que acontece quando há uma fiscalização tipo "blitz" da polícia rodoviária numa autoestrada? Quase 100% dos motoristas reduzem a velocidade. A medida, mais eficaz do que qualquer radar, evita multas e acidentes. O mesmo vale para delitos

tively done to keep it from happening. At nighttime, it is common to find police cars on patrol with their headlights and light bars switched off in search of thefts still in progress. If the patrol car had kept its headlights and light bars (giroflex) on, that would have driven criminals away and possibly prevented the offense. And when serious violence, robberies or murders take place, we see police cars and officers in the vicinity for days after the occurrence. It is a social commotion phenomenon arising out of the police's crisis management actions. But what had been done so that the crime didn't happen at that location? Some lines of thought argue that barracks and police stations should be pleasant, attractive and well-illuminated venues providing citizens with a welcoming feeling similar to the one they experience when arriving at a shopping mall.

In fact, this assumption holds water. The more welcoming, technologically equipped and visible police premises are, the better. The same goes for police cars and uniforms. What happens when an inspection, such as a roadblock, is carried out by the highway patrol? Almost 100% of the drivers slow down. The measure, which proves more effective than any radar, reduces the numbers of fines and accidents. The same goes

comuns nas cidades. Quanto mais iluminadas, limpas e organizadas forem as ruas e os espaços públicos, maior a segurança da população. Assim, segurança não depende apenas da polícia. É por isso que o município deve estar inserido no contexto de segurança pública. Aos municípios, cabem as ações de prevenção primária, que nada mais são do que deixar o ambiente pouco propício às práticas criminosas. Assim, iluminação pública eficiente, limpeza urbana, fiscalização de comércio clandestino, fiscalização de ocupação de áreas, sinalização das vias públicas, videomonitoramento de logradouros e outras ações dessa mesma natureza ajudam muito a diminuir a incidência criminal.

for common offenses in cities. The more illuminated, clean and organized streets and public spaces are, the greater the population's security. As such, security does not depend exclusively on the police. That's why the municipality must be an active participant in the public security picture. Municipalities are responsible for primary preventive actions, which means making the environment little conducive to criminal actions. Thus, efficient public lighting, urban cleaning, surveillance over unauthorized trade and zoning occupation, signage in public roads, video surveillance in buildings and other initiatives of that nature really help reducing the incidence of crime in general.

Segurança pública e Segurança privada, unidas

O Brasil tem um efetivo de seguranças privados que é muito superior ao efetivo dos policiais comuns. De alguma forma, já existe uma cooperação entre os sistemas privados de prevenção de crimes e a ação da polícia. Um bom exemplo são as imagens de câmeras instaladas nas empresas, em condomínios e casas usadas na investigação de crimes pela polícia. No entanto, essa interligação não é suficiente. Regulamentar e integrar a segurança privada ao sistema oficial de policiamento é a chave para espalhar a polícia pelas cidades, aumentando a capacidade de penetração em locais difíceis. Imagine um sistema de radiotáxi integrado à polícia. Ao observar algo atípico, o taxista lançaria um alerta para a polícia. Numa cidade como São Paulo, em que a frota ultrapassa os vinte mil veículos, o sistema ajudaria muito na prevenção de crimes comuns.

Temos ainda os vigilantes em operação nas empresas e espalhados pelas cidades. Se devidamente conectados e integrados ao sistema de segurança pública, passam a ser um de seus agentes. E a lista pode seguir com os vigias de rua, bombeiros civis, cães de guarda, sistemas de alarme e outros dispositivos de segurança eletrônica, serviços de inteligência privados, enfim, uma série de recursos já disponíveis e para pronto emprego.

Public and private security, united

Brazil has a much higher number of private security operators than that of police officers. Somehow, there is already some cooperation between private crime prevention systems and the police. A good example of such cooperation is the use of images from cameras installed in businesses, residential buildings and houses in the police's investigative routines. However, this interconnected status is not enough. Regulating and integrating private security to the official policing system is key to boosting the police's presence throughout the city and increasing its capillarity in hard-to-reach locations. Imagine a radio taxi system integrated to the police system. Upon observing something unusual, the taxi driver would alert the police. In a city like Sao Paulo, where the taxi fleet exceeds 20,000 vehicles, such a system would be very helpful in preventing crimes.

There are private security officers working in companies spread all over the cities as well. If properly connected and integrated to the public security system, they become agents within the system. And the list goes on if one is to include street security guards, firemen, guard dogs, alarm systems and other electronic security devices and private intelligence services. These constitute a series of resources readily available to be engaged at any given time.

3. Quem é o criminoso no Brasil?

3. Criminals in Brazil: who are they?

3.1 O bandido não tem nada a perder?

3.1 Do criminals really have nothing to lose?

"O bandido não tem nada a perder." Essa é uma das frases mais comuns durante conversas sobre violência urbana ou criminalidade. Certamente você já ouviu ou falou algo parecido. Num primeiro momento, a afirmação pode parecer lógica, mas é, na verdade, um grande equívoco. Todo criminoso tem um objetivo claro a alcançar e para isso deve percorrer um caminho. Essa trajetória deve envolver o mínimo risco possível para ele. Os dois maiores riscos que o criminoso corre durante uma ação são a prisão ou a morte. Por isso, ele tem sim muito a perder.

Ninguém tem desejo de acumular bens, seja de forma lícita ou não, se não for para usufruir deles. Não ter nada a perder é ilógico, seja qual for o cenário. Não existe criminoso que não tenha medo de morrer. Ou que queira ser preso. Ele planeja o que faz, afinal, vive disso. Para diminuir esses riscos, o bandido tenta agir sem deixar rastros que facilitem sua identificação posterior. Isso inclui necessariamente ações rápidas e eficientes. Essa é a equação do bandido, ou seja, todo criminoso tem um objetivo a alcançar e pretende que isso ocorra com baixo risco de confronto com a polícia, ser preso na hora ou mesmo deixar qualquer

"Criminals have nothing to lose". This is one of the most common statements in conversations about urban violence or crime. Surely you've heard or said something along that line. At first, the assertion may seem logical but, in fact, it is a huge mistake. Criminals have a clear goal to achieve and they must follow down a certain path to do so. Such path shall contemplate the least possible risk to them. The two main risks perps face during an action are being arrested or dying. As such, they do have a lot to lose.

No one has a desire to accumulate assets, whether lawfully or not, if not to take advantage of such assets. Having nothing to lose is illogical, regardless what the scenario might be. There is no criminal who's not afraid of dying. Or willing to be arrested. They plan their actions. After all, that's how they earn a living. In order to minimize such risks, criminals try to act while leaving no evidence behind that could help identifying them. This necessarily includes swift and efficient actions. This is the criminal's equation. In other words, every criminal has a goal to achieve and they aim at doing so at the lowest risk of either confronting the police, being arrested during the ac-

tipo de rastro que facilite a sua identificação posterior. Mas, se esse é o objetivo principal do criminoso, o que nós podemos fazer para que ele não nos escolha como vítimas? Precisamos, na prática, inverter essa equação, ou seja, diminuir as chances dele atingir seu objetivo, em outras palavras, o desafio é se tornar um alvo pouco atrativo sob a ótica do criminoso.

tion or even leaving any sort of clue which can help identifying them later on. But if that is the criminal's main goal, what can we do so they don't target us as victims? In practice, we need to reverse that equation, which means decreasing their chances of reaching their goal. In other words, the challenge is to become a less attractive target from the criminal's perspective.

3.2 Os três tipos básicos de criminosos

3.2 The three standard criminal types

Existem três tipos clássicos de criminosos: o terrorista, o mentalmente perturbado e o criminoso comum. Conheça o perfil de cada um deles:

a) Terrorista

Depois da Segunda Guerra Mundial, sobretudo nas décadas de 1960 e 1970, o terrorismo era visto como parte de um contexto revolucionário no Brasil. Com o tempo, o termo passou a ser usado para designar grupos nacionalistas xenófobos separatistas, responsáveis por ações radicais e muitas vezes violentas motivadas

There are three classic types of criminals: the terrorist, the mentally disturbed and the average criminal. Getting to know each of these profiles:

a) Terrorist

After World War II, particularly during the 60s and 70s, terrorism was perceived as part of a revolutionary context in Brazil. Over time, the term was used to designate separatist, xenophobic nationalist groups responsible for radical and often violent actions motivated by an ideology. Terrorist

por uma ideologia. As ações terroristas incluem assassinatos, sequestros, explosões de bombas, massacres indiscriminados e linchamentos legitimados por um ideal comum, suficientemente justificáveis para quem pratica o ato. Esses atos violentos fazem parte de uma estratégia política e não militar, e são planejados e conduzidos por grupos extremistas ou "lobos solitários" em qualquer conjuntura social: paz, conflito e guerra. O objetivo mais comum do terrorismo é instaurar um estado de medo nas vítimas para desencadear um processo de mudança de comportamento do inimigo.

b) Mentalmente perturbado

De tempos em tempos ouve-se falar de crimes provocados por psicopatas. Esse indivíduos, geralmente com dificuldades de relacionamento social e baixo controle comportamental, são responsáveis, em casos extremos, por massacres como o de Realengo, ocorrido numa escola do Rio de Janeiro em abril de 2011. Também conhecida como Transtorno de Personalidade Dissocial (segundo denominação da Classificação Internacional de Doenças), a psicopatia, embora grave, não representa números expressivos em termos de criminalidade. A ligação com um transtorno atribuído por especialista a

actions include assassinations, kidnappings, bombings, indiscriminate massacres and lynching legitimized by a common ideology and are sufficiently justifiable for those engaging in such actions. Such violent actions are part of a political strategy - not a military one - which are planned and carried out by extremist groups or "lone wolves" in any social setting: peace, conflict or war. The most common goal of terrorism is to instill a state of fear into its victims in order to trigger a process of behavioral change amongst enemies.

b) Mentally disturbed

From time to time one hears about crimes committed by psychopaths. These individuals, who usually face hardships in social relationship and display poor behavioral control, are responsible - in extreme cases - for massacres such as the one in Realengo, which was committed in a Rio de Janeiro school in April 2011. Also known as dissocial personality disorder (according to the definition by the International Classification of Diseases), psychopathy, though serious, does not represent significant numbers in terms of criminality. The connection with a condition attribut-

distúrbios cerebrais classifica esse tipo de crime à parte dos delitos em geral.

c) Criminoso comum

Esse é o indivíduo com o qual se pode encontrar no dia a dia. Dividido em dois grupos, pode atuar em bando, de forma planejada e organizada (roubos a bancos, roubos de cargas, invasões em empresas ou condomínios, narcotráfico, sequestros) ou de maneira simples, o oportunista. O segundo é o mais comum. Sai em busca de oportunidade. Atua sobre a equação do menor risco. Entenda, a seguir, como pensa e age esse tipo de bandido.

ed by specialists to brain disorders places this type of crime apart from general offenses.

c) Average criminal

This is the type of person one might come across on a daily basis. They're split into two groups: one which can act as a gang in a planned and organized manner (bank robberies, cargo theft, burglaries at residential buildings or break-ins at businesses, drug-trafficking, kidnapping) and another one which is made up of opportunistic criminals. They go out and about searching for an opportunity and act on the instance of the lower risk equation. We are now going to help you understand how these criminals think and act.

3.3 Objetivos e riscos: a equação do criminoso no Brasil

3.3 Goals and risks: the criminal's equation in Brazil

É exatamente o criminoso comum, o oportunista, que faz os maiores estragos. É ele que eleva os índices de criminalidade e ataca o cidadão comum, gente como a gente. Por isso, entender como esse indivíduo pensa é fundamental para a prevenção do crime. O imaginário que envolve a figura do bandido no Brasil se deve, em grande parte, ao tom sensacionalista dado pela mídia aos assuntos relacionados à violência. Mas quem é, de fato, esse criminoso que assombra a sociedade, assalta, invade condomínios, rouba bancos e sequestra pessoas de bem? A resposta a essa pergunta exige uma análise do tipo de bandido que existe no Brasil. Só assim será possível entender como pensa e como age esse sujeito e diminuir a vulnerabilidade dos cidadãos de bem.

A sociedade brasileira não sofre apenas pelos problemas de segurança, mas também pelas deficiências nos sistemas de educação, saúde, falta de equipamentos de lazer e tantas outras lacunas em diversas áreas. A segurança é mais um dos itens dos que devem ser administrados por cada um. É da natureza do ser humano sentir medo. É diante desse medo que surge a necessidade de uma ação inteligente para reduzir riscos. E, para que haja educação em

It is exactly the average criminal, the opportunistic one, who makes the most damage. He is the one who raises criminality rates and attacks ordinary people like you and me. So, understanding how this type of individual thinks is essential for the prevention of crime. The imaginary surrounding criminals in Brazil is largely due to the sensationalist tone employed by the media when approaching issues regarding violence. But who is, in fact, this criminal who haunts society, robs people, breaks into residential buildings, robs banks and kidnaps people? The answer to this question requires an assessment of the types of thugs in Brazil. This is the only way to understand how this character thinks and acts, thus reducing citizens' vulnerability.

Brazilian society faces issues not only in security, but also in the educational system, health, lack of leisure equipment and many other gaps in several areas. Security is one of the items that must be managed by individuals themselves. It is part of human nature to feel fear. And it is because of this fear that the need for intelligent action towards mitigating such risks arises. In order to secure an education on security, it's important to know how criminals think

segurança, é importante saber como pensa e como age um criminoso. A partir do estudo do seu comportamento, pode-se criar uma série de alternativas de redução de riscos e, caso os dispositivos de prevenção falhem, saber como se comportar diante de uma abordagem.

O criminoso brasileiro tem características singulares. Trata-se de um criminoso comum, que precisa de dinheiro ou algo para transformar em dinheiro. Não é o terrorista, muito menos é o psicopata (aquele que entra em ambientes produzindo graves lesões ou até mesmo mortes em massa e não sente remorso do que fez). Não atua contra a vítima, ou seja, não tem nada pessoal contra as pessoas, mas almeja atingir o seu objetivo. Para que isso aconteça, quer o máximo de lucro possível com o menor risco à sua sobrevivência. Neste ponto, entende-se não ser preso ou ser morto por um confronto com a polícia.

Qualquer obstáculo imposto ao criminoso diminui sensivelmente a possibilidade de contato com ele. Isso pode ser feito com películas redutoras de visibilidade nos veículos (o que diminui o acesso visual aos objetos no interior do veículo), grades e muros altos que impedem o acesso fácil às residências, ou, por exemplo, a ausência de informação sobre a existência de dinheiro acessível. Qualquer elemento que dificulte a ação do criminoso é útil e o somatório de obstáculos fará com que ele escolha outra vítima.

Três características básicas, pouco exploradas, definem o bandido oportunista: imediatismo, covardia e vaidade. Na prática, o bandido precisa de um resultado rápido. Não quer perder tempo durante a ação. Isso porque, quanto mais longa for a abordagem, maior a chance de ele ser pego. Somada à rapidez, há outra característica importante para entender o pensamento do criminoso: ele é covarde.

and act. From studying their behavior, one can create a series of alternatives for risk reduction and, if prevention strategies fail, one can learn how to behave in case they are approached.

Brazilian criminals portray unique features. They are average criminals who need money or something to turn into money. They are not the terrorist type (those who gain access to areas in order to produce serious damage or even mass casualties and who feel no remorse for what they've done), let alone the psychopath one. They don't act on a personal level, that is, they have nothing against their victims. They only aim at reaching their goals. For that to happen, they aim for the maximum profit possible with the lowest risk to their survival. At this point, one should understand this means not being arrested or killed in a clash with the police.

Any obstacle presented to criminals can considerably reduce the possibility of contact with them. This can be achieved by installing visibility-reducing films on vehicles (which reduces visual access to items inside vehicles), barring windows and building high perimeter fences which prevent easy access to homes or, for example, the absence of information on the existence of easily-accessible money. Any element that constitutes a deterrent to criminal action is useful and the sum of such elements will cause criminals to choose another victim.

Three basic yet little-explored characteristics define opportunistic thugs: immediacy, cowardice and vanity. In practice, criminals require a quick score. They don't want to waste any time during the action. That is because the longer the approach, the greater the chance of being caught. In addition to swiftness, there is another important feature required to understand criminals' mindset: they are

Isso significa que não tem controle sobre o medo. Ao contrário do que muita gente pensa, ser bandido não é fácil. Significa a escolha por um caminho que trará problemas para o resto da vida. É viver com medo, acuado, nervoso, tenso. Bandido, quando escuta sirene, nunca pensa que é ambulância. Mesmo quando tem êxito numa ação, tem dificuldade em sentir felicidade.

Imagine um sujeito que roubou um relógio caro. No momento do crime, seu único objetivo era tomar posse do relógio. Ao colocá-lo no pulso, surge, imediatamente, um novo problema. Para onde ele vai em seguida? É muito provável que, se ele for com esse objeto para seu ambiente de convivência, as pessoas perceberão que aquele objeto não tem uma origem lícita, o que irá gerar um desconforto no criminoso. Ninguém ao redor vai acreditar que o objeto pertence a ele. O proprietário de uma marca internacionalmente famosa de bolsas certa vez foi questionado sobre a quantidade de falsificações dos seus produtos. Ao responder sobre como esse crime afetava seus negócios, respondeu dizendo que não se preocupava com isso. "Não prejudica minha marca, afinal, o problema não está na bolsa, está em quem a leva." O que faz uma mulher que comprou uma bolsa falsificada quando vai ao restaurante? Esconde. Ela sabe que é falsa e tem medo que alguém questione. O contexto de inserção deve ser compatível com o valor do objeto. Se a bolsa é muito valiosa, o sapato e o vestido devem ter valores proporcionais. Vale o conjunto da obra.

O mesmo acontece com o bandido. Ao roubar um relógio valioso, um veículo ou outro bem não compatível com a sua realidade, ele passa a ter um novo problema e vai ter que se livrar do bem ilícito o mais rápido que puder para diminuir o seu próprio risco.

cowards. This means they have no control over fear. Contrary to what many people think, it's not easy being a criminal. It means choosing a path that will bring about problems for the rest of their lives. It means living in fear, backed into a corner, nervous and tense. When criminals hear the wailing of a siren, they never think it might be an ambulance. Even when they succeed at a criminal endeavor, they find it difficult to experience happiness.

Imagine an individual who has stolen an expensive watch. At the time of the crime, his only goal is to gain possession of the watch. When wearing it, a new problem immediately arises. Where is he going next? It is very likely that people will realize the object has no lawful origin if he takes it back home and that scenario, in turn, will bring about discomfort to the criminal. No one around is going to believe the object belongs to him. The owner of an internationally-acclaimed brand of handbags was once asked about the level of counterfeiting of his products. When answering about how the crime impacted his business, he stated he didn't care about that. "It doesn't hurt my brand. After all, the problem is not the handbag, but whoever is carrying it". What does a woman who has bought a fake designer bag do when she goes to a restaurant? She hides it. She knows it is a fake and she is afraid someone might ask questions. The insertion context must be compatible with the value of the object. If the handbag is very valuable, the shoes and the dress must be of proportionate value. The body of work matters.

The same phenomenon happens with criminals. When stealing a valuable watch, a vehicle or other property that is not compatible with their reality, criminals come across a new problem and have to get rid of the item as quickly as they can to reduce their own risk.

A covardia está diretamente ligada ao medo, que é um sentimento intrínseco à natureza humana. Todo mundo teme alguma coisa. Está no nosso DNA. Quando somos crianças e tropeçamos, ralamos mãos e joelhos. Institivamente, protegemos as partes valiosas do corpo, como a cabeça e o rosto.

Mas existe uma forma de diminuir o medo do criminoso e encorajá-lo a cometer o crime: a droga, um potencializador da delinquência. O problema está justamente no efeito colateral do uso dos entorpecentes durante as ações dos bandidos. Se por um lado a droga ajuda a vencer o medo, por outro afeta no poder de julgamento diante da situação. Aumenta a instabilidade do criminoso e provoca decisões precipitadas que, muitas vezes, diante da reação da vítima, acabam em tragédia.

Somada ao imediatismo e à covardia, está a vaidade. Imagine a seguinte situação: um sujeito comum está no ponto de ônibus, com um relógio no pulso. Naquele momento, o relógio pertence a ele. O bandido resolve arriscar a vida e a liberdade e caminha até a vítima. Anuncia o assalto. Antes de tomar o objeto nas mãos, já transferiu, no seu inconsciente, a posse do relógio para ele. Naquele momento, o objeto deixa de pertencer à vítima, antes mesmo de passar para o pulso do bandido. É essa a sensação que o criminoso tem durante a abordagem. Olha para o bem e já sente como se fosse propriedade sua. Afinal, não arriscaria a vida de graça, não colocaria sua liberdade em jogo não fosse por um objetivo real.

Em síntese, quando falamos que o bandido é imediatista, vale dizer que ele quer resultado rápido, não quer perder tempo na ação. Nesse sentido, tudo o que você fizer para criar obstáculos que retardem a ação do criminoso e consequentemente transfor-

Cowardice is directly linked to fear, which is intrinsic to human nature. Everyone fears something. It is in our DNA. When we are children and take a tumble, we hurt our hands and knees. Instinctively, we protect important parts of our body, such as the head and the face.

But there is a way to reduce the criminal's fear and encourage him to commit the crime: drugs, a booster for delinquency. The problem lies precisely on the side effect of the use of narcotics during a criminal's actions. If drugs help overcoming fear on the one hand, they have an impact on the power of judgment before the situation on the other. They increase the criminal's instability and trigger rash decisions which, quite often, end in tragedy depending on the victim's reaction.

In addition to immediacy and cowardice, we have vanity. Try and imagine the following situation: an individual is at the bus stop, watch on his wrist. At the time, the watch belongs to him. A criminal decides to endanger his life and freedom and walks up to the victim. He announces the robbery. Before physically taking the object in his hands, he has already transferred, at a subconscious level, the ownership of the watch to himself. At that moment, the object ceases to belong to the victim even before it's moved to the criminal's wrist. That's the feeling criminals have during the approach. They lay eyes on an item and feel as if it were already theirs. After all, they wouldn't risk their lives for free or lay their freedom on the line for no real purpose.

In short, when we say criminals are all about immediacy, that means they want a quick result and don't want to waste any time on the action. In that sense, everything you do to create obstacles that delay the criminal's action - consequently turning you into a

me você em um alvo pouco atrativo vai fazê-lo escolher uma outra vítima em uma outra oportunidade. Quando falamos que o bandido é covarde, queremos dizer que, em geral, ele está com muito medo da ação e não controla o seu nervosismo. Assim, se a prevenção falhou e a abordagem criminosa aconteceu, não faça movimentos bruscos, não reaja e a nossa recomendação é entregar seus pertences, não piorando o que já está ruim.

Quando falamos que o bandido é vaidoso, queremos dizer que, quando ele anuncia o assalto, na cabeça dele, o objeto que ele pretende subtrair já é dele e, se você reagir, ele se tornará ainda mais violento.

Posto isto, invista forte na prevenção de modo a não chegar ao ponto de uma abordagem criminosa.

little-attractive target - will make him choose a different victim at another opportunity. When we state criminals are cowards we mean that, in general, they are really afraid when they take action and do not control their nervousness. As such, if prevention has failed and the criminal's approach has taken place, do not show any reaction and follow our recommendation by handing over your belongings in order not to make a bad situation worse.

When we state criminals are vain, we mean that, in their minds, the object they wish to steal when they announce the robbery is already theirs and they will become more violent in case you display any reaction.

Having said that, invest heavily in prevention in order to avoid the criminal's approach.

Corajoso x medroso

Se todo ser humano tem medo de alguma coisa, qual é a diferença entre o medroso e o corajoso? A diferença está justamente entre o indivíduo que consegue controlar o medo e aquele que não tem condições de administrá-lo emocionalmente. Diante de uma montanha-russa, há duas reações comuns: pessoas que desistem da brincadeira e outras que resolvem, mesmo sentindo medo, encarar a emoção que o brinquedo proporciona. O bandido é covarde na medida em que não consegue, na grande maioria dos casos, controlar o medo durante a ação. Ele tem medo de perder a vida, ser preso, deixar rastro, ser investigado e condenado.

Bold x fearful

If every human being is afraid of something, what is the difference between fearful and bold people? The difference lies in individuals who can control their fear and those who cannot manage theirs at an emotional level. When facing a roller coaster, there are two common reactions: some people give up the ride and others decide, even though they are afraid, to face the thrill it triggers. Criminals are cowards to the point that, in most cases, they fail to control their fear in the course of their actions. They are afraid of losing their lives, being arrested, leaving clues behind or being investigated and convicted.

4. Como acontece o crime? O caminho entre o criminoso e a vítima

4. How do crimes take place? The path between the criminal and the victim

4.1 Vitimologia: o criminoso é quem escolhe a vítima ou a vítima é quem escolhe o criminoso?

4.1 Victimology: is it the criminal who chooses the victim or the victim who chooses the criminal?

Existem diversos mitos relacionados à segurança, especificamente voltados para a questão da vítima. Alguns deles são sustentados inclusive por profissionais da área. A Teoria da Vitrine, um dos mais conhecidos, é aceita por muitos como verdade absoluta. Se uma pessoa não quer ser alvo de assalto ou sequestro, basta não chamar atenção dos criminosos. Para isso, deve-se abandonar o uso de bens e acessórios como carros importados, relógios e joias de alto valor ou até roupas de marcas famosas.

É fato que, em um país com uma desigualdade social como o Brasil, apenas uma parcela pequena da população tem acesso a determinados tipos de bens e, diante dessa situação, acabam por chamar mais atenção nas ruas. No entanto, se isso fosse realmente o fator determinante para nortear a ação de um assaltante, as estatísticas policiais trariam de forma predominante o roubo de carros importados, joias e relógios de alto valor. Consequentemente, os detentores desses bens seriam as principais vítimas. Isso, na prática, não acontece. O bandido oportunista está

There are several security-related myths particularly related to the victim. Some of them are supported even by professionals in the field. The window shopping theory, one of the best-known ones, is accepted by many as absolute truth. If one does not want to be targeted for robbery or kidnapping, all that is required is not to attract a criminal's attention. In order to do so, one must give up wearing high-value goods and accessories such as imported cars, watches, jewelry or even clothes by famous brands.

It is a fact that in a country riddled with social inequality such as Brazil only a small portion of the population has access to certain types of goods and, in that situation, such items draw more attention in the streets. However, if that were really the determining factor to guide a criminal's actions, thefts of imported cars, jewels and high-value watches would prevail in police statistics. Consequently, holders of such items would become the main victims. That, in practice, does not happen. Opportunistic criminals are after something

atrás de qualquer coisa, não é porque você não carrega consigo algo valioso que estará isento de risco.

Partindo do pressuposto de que qualquer criminoso tem um objetivo e pretende atingi-lo com o menor risco possível, o melhor para ele é ter o fator surpresa cem por cento a seu favor. Isso o obriga a escolher um alvo que seja o mais fácil naquele momento. Sendo assim, se uma pessoa estiver parada em um cruzamento com um carro importado, com roupas de marca, com relógio valioso, mas com as portas do carro travadas, os vidros fechados e atenta ao que se passa nas imediações e, ao seu lado, estiver um veículo popular com seu ocupante de portas destravadas, vidros abertos e falando ao celular, desatento, este último tem mais chances de ser uma vítima ainda que dele o criminoso possa subtrair apenas uma pequena quantia, isso não importa. Prevalece o menor risco.

Esse argumento é tão forte que, para prová-lo, basta fazer a seguinte pergunta a alguém que já tenha sido roubado: como foi o roubo? Quase sempre a resposta começa com a seguinte frase: "Quando eu vi, já estava com uma arma apontada para a minha cabeça" ou "Não sei... Apareceu do nada". O fato é que a desatenção da vítima é o grande fator para o bandido escolhê-la como alvo no momento.

else. It is not because one doesn't carry something valuable that one will be risk-free.

On the assumption that every criminal has a goal and plans to achieve it at the lowest possible risk, the best thing for the criminal is to be 100% in control of the surprise factor. This alone forces the criminal to choose the easiest target at any given time. Therefore, if a person is standing at a crossroads wearing designer clothes and an expensive watch behind the wheel of an imported car with locked doors, rolled-up windows while paying attention to what's going on in the vicinity whereas, right alongside, there is a popular vehicle with unlocked doors and rolled-down windows while its driver is on the phone, inattentive, the latter is more likely to be a victim even if the criminal is able to walk away with just a small amount. In this scenario, figures don't matter. The lower risk prevails.

This argument is so strong that, in order to prove it, all one has to do is ask someone who has been robbed: how did it happen? The answer almost always begins with the following sentence: "When I realized it, I had a gun pointed at my head" or "I don't know... it came out of nowhere". The fact is that the lack of attention by the victim is the major factor for criminals to choose him/her as a target at the moment.

É importante admitir uma exceção a essa regra. Há criminosos que saem em busca de alvos seletivos. Pode haver uma quadrilha especializada no roubo de veículos da marca X ou uma quadrilha que só atua no roubo de relógios Y ou, ainda, uma quadrilha de sequestradores que, devido à banalização desse tipo de crime, escolha a vítima pela aparência. Ou seja, se a vítima possui um carro importado e usa joias e relógios valiosos, é provável que tenha um patrimônio que possa render um bom dinheiro caso seja sequestrada. Mesmo assim, deve-se considerar que a grande maioria dos criminosos à solta é oportunista. Os alvos seletivos são poucos.

A ideia simplista de que a Teoria da Vitrine é um fator determinante, dessa forma, cai por terra. Para facilitar que uma pessoa se transforme em vítima, é mais adequada uma análise de como se deve comportar diante do cenário de violência urbana vivido no Brasil. **A segurança existe para proteger os prazeres, e não para privar as pessoas deles.** Se alguém estudou, trabalhou e tem acesso a determinado tipo de bem, é perfeitamente normal querer usufruir desse privilégio. No entanto se deve, para isso, assumir o ônus que a posse desse tipo de produ-

It is important to mention an exception to this rule. There are criminals who go out in search of selective targets. There might be a gang specializing in stealing brand X vehicles or brand Y watches or even a gang of kidnappers who, due to the trivialization of this type of crime, chooses its victim by looks alone. In other words, if the victim has an imported car and wears valuable watches and jewelry, he/she is likely to bear assets which can be turned into good money in a kidnapping situation. Even so, one must consider that the vast majority of criminals on the loose is opportunistic by nature. Selective targets are few and far between.

The simplistic idea that the Window Shopping Theory is a determining factor comes crashing down in this case. In order to make it easier to understand how a person can become a victim, it is more appropriate to assess how one should behave against the backdrop of urban violence experienced in Brazil. **Security exists to protect the pleasures of life, not to keep people from enjoying them.** If someone has studied, worked and secured access to a particular type of good, it is perfectly normal to want to enjoy such privilege. However, in order to do so, one must face the burden the ownership of such type of product imposes

RISCO DIMINUÍDO
Vidros fechados e objetos de valor longe da vista do assaltante

DECREASED RISK
Opened windows, arms outside the car and mobile phone in the hands of user

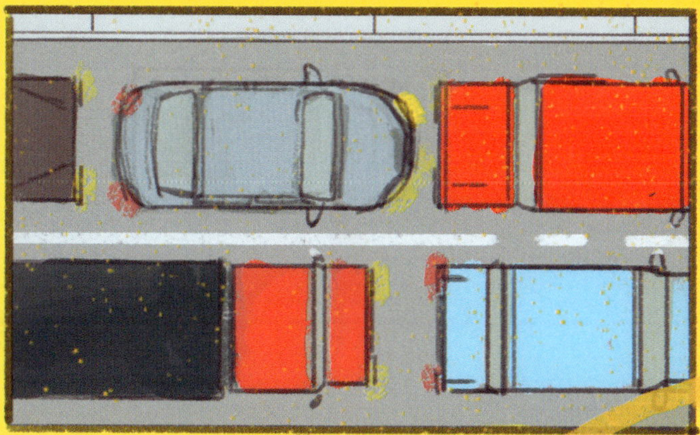

RISCO AUMENTADO
Janelas abertas, braço para fora do veículo e celular à mão.

INCREASED RISK
Opened windows, arms outside the car and mobile phone in the hands of user

to acarreta à segurança. Redobrar a atenção e aplicar a racionalidade na conduta cotidiana é a chave para não ser escolhido como vítima pelo criminoso. Passear de carro importado com relógio de marca, mantendo as portas do veículo destravadas, vidros abertos e falando ao celular é atrair para si o criminoso.

on security. Doubling one's attention and employing reason in everyday conduct is key for one not to be singled out as a victim by perpetrators. Driving imported cars wearing expensive watches, keeping unlocked doors and rolled-down windows while talking on the phone means attracting the criminal's attention.

A segurança existe para proteger os prazeres, e não para privar as pessoas deles.

Security exists to protect the pleasures of life, not to keep people from enjoying them.

O fator determinante para se transformar em vítima é a atitude, ou seja, o comportamento. Diante do atual cenário de violência urbana, não é preciso abrir mão dos sonhos, mas agir com certa razoabilidade e bom senso.

The key factor behind turning someone into a victim is demeanor, that is, someone's behavior. Given the current scenario of urban violence, one does not need to give up one's dreams, but act with some measure of reason and common sense.

4.2 Ponte para o Futuro: um processo educativo para a segurança

4.2 Bridge to the future: an educational process for security

A "Ponte para o Futuro" é uma espécie de ensaio mental. É projetar o que pode acontecer com base nas informações concretas que se tem em mãos. Esse futuro pode se confirmar em um minuto ou em alguns anos. Para gerenciar riscos, deve-se:

The 'Bridge to the Future' is a kind of mental test. It means projecting what might happen based on concrete information one has at hand. Such projection may be confirmed in a minute or in several years' time. In order to manage risks, one must:

a) Identificá-lo

Para isso, é preciso entender o que está acontecendo na sociedade. Essas informações podem ser obtidas em jornais, revistas, televisão, palestras e orientações sobre segurança.

b) Aceitá-lo

Fechar os olhos para a realidade é um erro grave. Diante da conscientização e dos eventuais danos que se pode sofrer, é possível mudar o comportamento e reduzir as chances de se tornar um vítima de criminosos.

c) Mitigá-lo

Depois da conscientização, é possível estudar alternativas para reduzir as possibilidades de o risco se materializar. Esta é a etapa em que se explora muito a prevenção.

a) Identify it

To that intent, one needs to understand what's going on in society. This type of information can be found in newspapers, magazines, television, lectures and security guidance sessions.

b) Accept it

Closing one's eyes to reality is a serious mistake. Given the awareness and the possible damages one can suffer, it is possible to change one's behavior and reduce the chances of becoming a victim of criminals.

c) Mitigate it

After awareness has sunk in, it is possible to study alternatives to reduce the possibilities of materialization of the risk. This is the stage in which prevention is deeply explored.

d) Contingenciá-lo

Quando o risco se materializa e surge o evento, rompem-se os obstáculos impostos ao agente agressor e são desencadeados procedimentos emergenciais de resposta. Isolar e conter o evento ajuda a diminuir o poder destrutivo da ação, limita os danos e proporciona condições de retorno à normalidade.

Vamos exemplificar com uma viagem de férias. Você vai viajar com sua família para um local bacana. Todos estão ansiosos para que o dia chegue logo. Imagine detalhadamente tudo o que vai acontecer, desde a ida até o momento de volta para casa. Carro revisado, documentos atualizados, programa previamente definido, locais que serão visitados, hospitais disponíveis para eventuais emergências etc. A lista pode ser grande, mas vai diminuir bastante o estresse em caso de alguma situação inusitada. Certa vez, um amigo viajou com a sua família e sua filha precisou de cuidados médicos com urgência. Como ele já havia “mapeado” a cidade, seguiu diretamente para o hospital, que atendia a especificidade do caso da pequena e que estaria funcionando. Imagine, no momento da aflição, ter que procurar um hospital especializado?

A prevenção é a base do comportamento seguro. O sucesso de qualquer atividade depende de uma Ponte para o Futuro, pois esta permite que se visualizem os possíveis resultados, tanto positivos quanto negativos. Veja outro exemplo: imagine um executivo que use constantemente o laptop durante palestras e trabalhos externos. Quanto menor for o deslocamento munido do equipamento, menor o risco de tê-lo furtado ou roubado. Se num determinado dia de trabalho esse profissional precisar do computador apenas em um dos compromissos, deve articular as atividades para carregá-lo apenas no trajeto necessário. Assim, diminui-se o risco da per-

d) Manage it.

When risk materializes and an event arises, obstacles imposed to the criminal agent are dismantled and emergency response procedures are triggered. Isolating and containing the event helps reducing the destructive power of the action, limiting the damage and providing the conditions for a return to normalcy.

Allow us to offer a comparison with a holiday trip. You decide to travel to a fancy location with your family. Everyone is eager for the day to come soon. You imagine what is going to happen in detail, from the departure to the moment you return home. The car has been checked, documents updated, the schedule is defined in advance, you contemplate sites to be visited, available hospitals in case of an emergency, and so on. The list can be quite long, but it will reduce stress in the event of any unusual situation. Once, a friend of mine traveled with his family and his daughter required urgent medical attention. Since he had already “mapped” the city, he proceeded to the nearest open hospital which was equipped to cater for the little one’s specific needs. Can you imagine having to look for a specialized hospital in a moment of distress?

Prevention is the foundation for safe behavior. The success of any endeavor depends on a Bridge to the Future, because this enables one to visualize possible outcomes, both positive and negative. Let’s assess another example: imagine a businessman who constantly uses his laptop during lectures and field work. The shorter the commute with the equipment, the smaller the risk of having it stolen or robbed. If the aforementioned professional requires his laptop only for one of his appointments on a given working day, he should arrange his schedule in such a way as to lug it around only when needed. Thus,

da do laptop (material) e de todo o conteúdo nele armazenado (intelectual). Obviamente ele deve ter um backup de suas informações em local distinto. Isso é a Ponte para o Futuro. É quando se faz um ensaio mental e se projeta o que pode acontecer. A correria do dia a dia muitas vezes gera atitudes imediatistas e impede o planejamento de ações e suas prováveis consequências.

the risk of losing the laptop (material loss) and all its content (intellectual loss) is reduced. He obviously must have a back-up of all his data at a safe location. This is the 'Bridge to the Future'. It's when you do a mental dry-run and contemplate what might happen. The rush of everyday life often gives way to a knee-jerk behavior which goes against the planning of actions and their probable consequences.

Algumas perguntas que podem revelar situações de risco

- Você tem algum dinheiro aplicado no banco. Quem mais sabe disso?
- Quais informações importantes, documentos ou patrimônio você carrega na bolsa ou pasta? Se for assaltado, o que o criminoso pode levar? Como conseguirá reconstituir os bens e informações? Carro e bolsa não são armários!
- Você já perdeu informações no computador por não ter salvado alterações? E se ele for roubado ou furtado?
- Você deixa as chaves de casa dentro do carro no estacionamento?
- Você deixa o controle remoto de acesso ao portão da garagem no carro estacionado (na rua ou no estacionamento)?

Some questions which may reveal risky situations

- You have some money invested with your bank. Who else knows about it?
- What important information, documents or assets do you carry around in your purse or briefcase? If you are mugged, what can the criminal take away? How can you reacquire the goods and data? Cars and purses are not portable lockers!
- Have you ever lost computer data because you hadn't saved your changes? What if it was stolen or robbed?
- Do you leave the keys to your house inside the car in the parking lot?
- Do you leave the remote control to the garage inside a parked car (on the street or in the parking lot)?

4.3 Princípios de segurança: quem percebe o risco consegue modificá-lo

4.3 Security principles: those who are able to spot risks can modify them

Imagine um cidadão consciente, educado em segurança, que sabe como se comportar numa cidade violenta. Dirigindo à noite numa grande avenida, ele para num sinal vermelho, próximo a um ponto de ônibus. Atento ao movimento das pessoas ao redor, percebe a presença de um sujeito em atitude suspeita que parte em direção ao seu carro. É nessa hora que o risco está prestes a se tornar uma abordagem real. Qual atitude a possível vítima deve tomar? Nesse momento, é preciso agir imediatamente. Na prática, sair do local.

1. Se for o primeiro da fila, ele pode considerar acelerar e passar no sinal vermelho. Nesse caso, sacrifica-se um bem menor — com a multa — por um bem maior, que é evitar a abordagem pelo bandido.

2. Se o carro não for o primeiro da fila e o motorista tiver respeitado a distância de segurança, ele pode considerar sair para um dos lados e ultrapassar, da mesma forma, o sinal vermelho.

3. Se nenhuma das alternativas anteriores for possível, recomenda-se tocar a buzina, sem parar. A reação das pessoas ao redor será prestar atenção no que está acontecendo. O bandido não quer ser notado, não quer ser pego em flagrante. Nesse caso, lhe resta fugir do local, atitude mais comum.

4. Se a buzina não funcionar, a atitude pode ser mais drástica. Provoque um pequeno acidente. As pessoas no entorno pararão para ver o que aconteceu e o criminoso será percebido por mais gente. Esse caso, novamente, sacrificou-se um bem menor, o prejuízo material, por um bem maior que é preservar a integridade da vítima.

Imagine a conscientious citizen who's educated in security and knows how to behave in a violent city. While driving at night along a main avenue, he stops at a red light near a bus stop. Keeping an eye on the movement of people around him, he notices an individual behaving in a suspicious manner heading towards his car. This is when risk is about to become a real approach. What initiative should the potential victim take? At moments like these, it is imperative to act immediately. In practice, one should flee the area.

1. If the driver is first in line on his lane, he might consider speeding up and running the red light. In this scenario, a minor loss is suffered — a traffic ticket — for a greater good, which is avoiding the criminal's approach.

2. If the car is not the first in line on the lane and the driver has observed a security distance, he may consider overtaking the other driver by either side and running the red light as well.

3. If none of the aforementioned alternatives is possible, we recommend the driver honks the horn uninterruptedly. The reaction of those around will be to start paying attention to what's going on. The criminal doesn't want to be noticed and doesn't want to be caught red-handed. All that is left for him to do is flee, which is a common behavior in such a scenario.

4. In case the horn doesn't work, the driver's action can be more drastic. He should cause a minor accident. People will gather to see what happened and the criminal will be spotted by more people. Once again, in this case, the driver sacrifices something smaller in the crash for a greater good which is preserving his integrity.

1 PRIMEIRO DA FILA Passe no sinal vermelho.
FIRST IN LINE You might consider running the red light.
2 DISTÂNCIA SEGURA Desvie o carro e saia pela lateral.
SECURITY DISTANCE Consider overtaking by either side.

5. Se nada disso funcionar, ainda há a opção de abandonar o veículo e sair correndo. Muitas pessoas têm dificuldade de aceitar essa conduta como sendo segura, mas é importante relembrar que, em geral, o criminoso não tem nada de pessoal contra as suas vítimas. Em geral, o que ele deseja é dinheiro ou algo com liquidez para transformar em dinheiro, e ele acaba, ao escolher este caminho do crime, se acostumando com isso e pratica diariamente várias ações. Não é negócio para ele ter uma ação malsucedida que provoque uma comoção social com impacto midiático, pois, neste caso, haverá muito empenho policial para capturá-lo, o que para ele não é nada interessante. Posto isto, a tendência é que ele, diante de qualquer circunstância que atrapalhe a sua ação ou mesmo reduza o fator surpresa, normalmente aborte a ação e espere uma nova oportunidade.

5. If none of this works, there is still the option of leaving the vehicle and running away. Many people find it difficult to accept this as being safe behavior but it's important to remember that, in general, criminals have nothing personal against their victims. Criminals generally want money or something with liquidity to turn into money and, by choosing criminality as a way of life, they get used to that lifestyle and commit several crimes on a daily basis. It's not good business for them to engage in failed attempts which may cause social commotion with repercussions in the media because, in that case, the police will place a lot of efforts in their arrest, which is not an interesting outcome for them. Having said that, the trend is for criminals to abort the approach when faced with circumstances which get in the way of their actions or even minimize the surprise factor.

A criatividade dos criminosos é grande. Descobriram que, se jogarem um ovo contra o para-brisa do carro, o instinto do motorista é o de ligar o limpador, e este joga água. O ovo e a água, ao se unirem, formam uma substância viscosa, tal como o leite, e você vai precisar parar, pois bloqueará a sua visão em cerca de 90%. A dica – se perceber que foi lançado um ovo contra o para-brisa, saia do local imediatamente e faça a limpeza em casa ou no posto de combustível.

E a lista continua – colocam uma folha de papel no vidro traseiro ou ainda amarram latas no carro. Ao perceber algo dessa natureza, o motorista para o carro para verificar o que houve, momento em que os criminosos têm acesso ao veículo e à vítima. A dica é praticamente a mesma – deixe o local imediatamente e faça as verificações posteriormente.

Criminals show a great deal of resourcefulness. They have found out that by throwing an egg against the windshield of a car, the driver's instinct is to engage the wipers and squirt water on top of the mess. A viscous substance akin to milk is formed when egg and water mix and the driver will need to stop the car because the substance will block his sight by about 90%. Our tip: in case an egg is smashed against the windshield, leave the area immediately and clean the windshield at home or at a gas station.

And the list goes on – they place a sheet of paper in the rear window or tie cans to the car. When they notice something like that, drivers stop the car to check out what happened, at which point criminals have access to both vehicle and victim. Our tip is pretty much the same – leave the area immediately and perform checks later on.

3
ACIONE A BUZINA
Caso não haja por onde escapar com o carro.
HONK THE HORN
In case of being blocked by other cars.
4
PROVOQUE UM PEQUENO ACIDENTE
CAUSE A MINOR ACCIDENT
5
ABANDONE O CARRO
Se nada funcionar.
LEAVE THE CAR
If none of this works.

4.4 Algumas atitudes para prevenção — antes, durante e depois — de um contato com um criminoso

4.4 A few steps — before, during and after — towards preventing encounters with criminals

Antes

Em casa

a) Se você mora em casa, já revisou a segurança dela? Portas, fechaduras, iluminação, proteção perimetral, possibilidade de intrusão etc.? Caso tenha algum sistema de câmeras e sistema de alarme, tudo funciona? Faça sua casa parecer de difícil acesso.

b) Mantenha as portas trancadas sempre. Para revisar: há quanto tempo os segredos das portas de acesso não são trocados? Quem mais tem uma cópia das suas chaves?

c) Caso tenha empregado(a) doméstico(a), já orientou como deve atender ao telefone, receber correspondências e *deliveries*, receber prestadores de serviços?

d) Caso não tenha possibilidade de visualização da área externa, instale um dispositivo tipo "olho mágico".

e) Preste atenção ao chegar ou sair de casa. Muitos criminosos ficam à espreita, aguardando o momento ideal para atacar. Lembre-se: não existem pessoas, mas atitudes suspeitas. Qualquer um pode ser criminoso.

Essas recomendações também valem para quem vive em apartamento. Mantenha as portas sempre tranca-

Before

At home

a) If you live in a house, have you checked its security? Doors, locks, lighting, perimeter protection, break-in possibilities, etc.? If you have a camera and/or an alarm system, does everything work properly? Make your home seem quite impenetrable.

b) Always keep doors locked. To be reviewed: how long ago have locks on access points been changed. Who else has a copy of your keys?

c) If you have a maid, have you instructed her on how to answer the phone, receive mail and deliveries and grant access to service providers?

d) If you do not have a clear sight of the external area, please install a "peephole" device.

e) Pay attention when arriving or leaving home. Many criminals are lurking, waiting for the right moment to strike. Remember: what matters is not the people, but their suspicious behavior. Anyone can be a criminal.

These recommendations also apply to people who live in apartments. Always keep doors locked and in-

das, oriente a sua família e eventuais empregados. Participe das reuniões do condomínio e estimule a pauta dos assuntos de segurança.

Em seus deslocamentos

a) Preste atenção nas pessoas e veículos que se aproximam de você. Tome cuidado com abordagens estranhas, histórias convincentes e pedidos de ajuda. A tarefa é desconfiar!

b) Mantenha-se em local bem iluminado e que tenha maior movimentação de veículos e pedestres.

c) Se estiver a pé e perceber que está sendo seguido, entre em algum comércio, aproxime-se da portaria de alguma empresa, ligue para a polícia (190).

d) Em pontos de ônibus e estações de metrô, esteja sempre alerta. Criminosos se aproveitam da falta de atenção das pessoas para furtar bolsas, compras, aparelhos celulares. Leve os pacotes sempre à frente do corpo.

e) Mantenha apenas um cartão bancário em sua carteira. Isso reduzirá o tempo de permanência com criminosos em casos de sequestro-relâmpago.

f) Escolha bolsas menores e faça uma revisão dos itens

struct your family and any employees. Participate in administrative meetings at your residential building and promote security issues on the agenda.

In your commute

a) Pay attention to people and vehicles approaching you. Beware of strange approaches, compelling stories and calls for help. Your job is to be suspect.

b) Stay in well-lit venues which have a greater movement of vehicles and pedestrians.

c) If you are on foot and find yourself being followed, walk into any store or approach the reception of any company and call the police (190).

d) Always be alert at bus stops and subway stations. Criminals take advantage of people's lack of attention to steal purses, shopping bags or mobile phones. Always carry your packages in front of you.

e) Keep only one bank card in your wallet. This will shorten the time spent under the control of criminals fast in kidnapping cases.

f) Choose smaller purses or bags and review unnecessary items you carry around. The fewer things you carry, the lower the damage.

desnecessários que transporta. Quanto menos coisas estiver carregando, menor o prejuízo.

g) Ao embarcar no veículo, verifique se não há ninguém em atitude suspeita no entorno. Entre, trave as portas e inicie o deslocamento. Simultaneamente ao início do deslocamento, coloque o cinto de segurança. Assim, você permanece o menor tempo possível dentro do veículo parado e exposto ao risco de alguém se aproximar.

h) Ao desembarcar do carro, verifique se há pessoas em atitudes suspeitas ou se o local favorecerá o furto do veículo ou de algum objeto em seu interior. Permanecer dentro do carro estimula eventuais criminosos. Desligue o motor e saia.

i) Estacione o carro em estacionamentos regulares. Evite deixar na rua. Lembre-se de guardar objetos soltos no porta-malas. Muitos criminosos observam o que há no interior do veículo e quebram vidros para furtá-los. Use o porta-malas para transporte de bolsas, pastas, casacos e sacolas.

j) Mantenha os vidros totalmente fechados e as portas sempre travadas.

k) Jamais ceda à tentação de dar esmolas ou comprar algo nos cruzamentos.

g) When boarding your vehicle, make sure there is no one displaying a suspicious behavior nearby. Get inside, lock the doors and start driving. Fasten your seat belt while you are driving. By doing so, you spend the shortest possible time inside a parked vehicle exposed to the risk of someone's approach.

h) When getting off the car, check whether there is someone displaying suspicious behavior or if the site is conducive to the theft of the car or any object inside it. Staying inside the car encourages any criminals. Turn off the engine and get out.

i) Park the car at legalized parking lots. Avoid parking on the street. Remember to keep loose objects in the trunk. Many criminals observe what's inside the vehicle and break the windows to steal them. Use the trunk to carry purses, briefcases, coats and bags.

j) Always keep windows completely rolled up and doors locked.

k) Never give in to the temptation of giving out the dole or buying something at intersections.

l) Keep your distance from the vehicle ahead of yours.

m) Be suspicious of any situation that may require you

l) Mantenha distância do veículo à frente.

m) Desconfie de qualquer situação que faça parar o veículo. Um simples pneu furado ou vidro quebrado pode ter sido provocado. Jamais pare o carro para oferecer ajuda.

n) Evite registrar no telefone celular informações que deixem explícito o seu vínculo com o contato. Exemplo: casa, mãe etc.

o) Crie senhas de acesso para laptops, tablets ou smartphones. Em caso de furto ou roubo, o bandido não terá acesso às informações, apenas ao aparelho.

Em locais de permanência

a) Mantenha vigilância sobre os seus pertences pessoais. Muitos criminosos aproveitam-se de distrações em lojas e restaurantes para furtar bolsas, telefones celulares e outros objetos. Em restaurantes, mantenha seus objetos pessoais, bolsas e pastas à frente do corpo. Utilize um porta-bolsas ou os dispositivos oferecidos por alguns restaurantes.

b) Caso se ausente do local, leve consigo os seus pertences pessoais ou peça para alguém cuidar deles.

c) Muito cuidado nos caixas eletrônicos. Prefira sacar o dinheiro em locais movimentados, tais como shopping

to pull over. A mere flat tire or broken window may have been intentional. Never pull over to offer help.

n) Avoid registering information on your mobile phone clarifying the link you have with a given contact. Example: home, mother, etc.

o) Create access passwords for laptops, tablets or smart phones. In the event of theft or robbery, criminals will have access to the device and not the information inside it.

Short-stay locations

a) Keep an eye on your personal belongings. Many criminals take advantage of distractions at shops and restaurants to steal purses, cell phones and other belongings. Keep your personal belongings, purses and folders in front of you at restaurants. Use a purse holder or security devices offered by some restaurants.

b) In case you have to leave the table, take your personal belongings with you or ask someone to watch over them.

c) Be very careful at ATMs. Always prefer to withdraw money at busier locations, such as shopping

centers e supermercados. Mantenha vigilância durante esse momento. Desconfie das pessoas no seu entorno.

Durante

a) Reagir é sempre uma péssima opção. Os criminosos geralmente estão em grupo, ainda que você não os veja.

b) A missão consiste em não piorar o que já está ruim. O criminoso já lhe furtou ou lhe roubou. Ocorreu uma perda patrimonial, mas pode piorar. Caso aconteça algum imprevisto, a vítima pode sair ferida ou algo pior.

c) Mantenha as mãos à mostra. Sem dizer sequer uma palavra, com esse procedimento, você estará transmitindo duas importantes informações ao criminoso: vou obedecer às suas ordens e não sou risco para você. Mantenha suas mãos visíveis todo o tempo.

d) Caso tenha que movimentar sua mão (para buscar a carteira ou para soltar o cinto de segurança, por exemplo), informe antes. Ao receber a informação de que a sua mão se movimentará, o criminoso manterá o próprio controle emocional e não interpretará como risco esse seu movimento.

e) Obedeça às ordens. O momento de prevenção já

malls and supermarkets. Stay alert at such moments. Be wary of people in the surrounding area.

During

a) Reacting is always a terrible choice. Criminals usually act in groups, even though you may not see them.

b) The mission is not to make a bad situation worse. The criminal has already played his hand. You have experienced a material loss, but things can get worse. In case of unforeseen occurrences, the victim may get hurt or worse.

c) Keep your hands in plain sight. Without saying a word, you will be conveying two important pieces of information to the criminal with this procedure: I will follow your orders and I represent no risk to you. Keep your hands visible at all times.

d) If you have to move your hands (to reach for your wallet or to release the seat belt, for example), inform that beforehand. Upon receiving the information that your hand will move the criminal will keep his emotional control and shall not interpret that as a risk.

e) Follow orders. The prevention moment has come and

passou. Agora é momento de gerenciar essa situação difícil. Evite gestos bruscos, tentativas de negociação ou tentar correr. Tudo isso é considerado reação. Nunca recomendamos a reação.

f) Não conte com a ajuda de estranhos em caso de contato com criminosos.

gone. Now it is time to manage this difficult situation. Avoid any sudden moves, attempts at negotiation or trying to run. All of that is considered to be a reaction. We never recommend a reaction.

f) Don't count on the help of strangers in case of contact with criminals.

Depois

a) Pare, respire e erga a cabeça, exatamente nessa ordem. Isso possibilitará o seu controle emocional nesse momento complicado.

b) Tenha em mente que o problema já passou. E que você está bem. Agora é chegado o momento de gerenciar as consequências.

c) Este é o momento de verificar exatamente onde você está e solicitar auxílio de quem realmente poderá ajudar. Depois você pode contar para as demais pessoas o ocorrido.

d) Tente se lembrar do que foi subtraído, como cartões bancários para que sejam bloqueados, número de telefones celulares, placa de veículos, enfim, reúna as informações para subsídio policial e pessoal.

f) Registre o crime na delegacia, presencialmente ou mesmo pela internet. Isso ajuda a polícia a ter de fato conhecimento sobre a incidência criminal para melhorar o planejamento preventivo e repressivo.

After

a) Stop, breathe and lift your head up in that exact order. This will grant you emotional control at this complicated moment.

b) Keep in mind that the problem is over. And that you are safe. Now the time has come to manage the consequences.

c) This is the time to ascertain exactly where you are and request help from those who can really help. Afterwards, you can tell other people what has happened.

d) Try and remember what was taken from you, such as bank cards to be canceled, mobile phone numbers, car license plate, etc. Make sure you gather all relevant data for police and personal use.

f) File a report at the police precinct, in person or even through the internet. This helps the police secure real knowledge on criminal occurrences in order to improve their preventive and repressive planning.

5. A prevenção falhou. E agora?

5. Prevention has failed. What now?

5.1 A que o risco está atrelado?

5.1 What is risk linked to?

Com tudo o que estamos dizendo, você ainda deve se perguntar: "Tudo bem. Mas então é possível viver uma vida sem riscos?". A resposta para sua pergunta é "não". Viver é correr riscos constantemente, é como um campo minado. Temos de tomar cuidado o tempo todo e devemos analisar por onde andamos. Estamos sujeitos a muitas surpresas e o risco é inerente à vida humana em todos os aspectos, não só em questões de segurança. Por isso, o que nos resta é diminuir potencialmente esses riscos. Vale dizer que segurança não significa a ausência dos riscos, já que essa é uma variável que não pode ser controlada apenas por nós. Não é possível, por exemplo, eliminar do dia para a noite a existência dos criminosos. Por menor que seja a criminalidade em países mais desenvolvidos, lá também ocorrem crimes. O que acontece é que, ao adotar medidas de segurança, ficamos mais bem preparados para reduzir os riscos e, caso ocorra o crime, reagir da forma correta. Isso se chama gerenciamento de riscos.

Given all our observations, you still might ask yourself: "All right. But is it possible to lead a life without risk after all?" The answer to your question is "no". Living is taking risks on a regular basis, it's like a minefield. We have to be careful at all times and we must mind our surroundings. We are all subject to many surprises and risk is inherent to life in all aspects, not only on security matters. Thus, all that's left for us is to potentially decrease such risks. It is worth mentioning that security does not mean the absence of risk, since this is a factor that is not under our exclusive control. For instance, one cannot make criminals disappear overnight. No matter how low criminality is in most developed countries, crime is present over there as well. We find ourselves better prepared to reduce risks by adopting security measures and we are able to react properly in case a crime takes place. This is what is called risk management.

Viver é correr riscos constantemente. Estamos sujeitos a muitas surpresas, e o risco é inerente à vida humana em todos os aspectos, não só em questões de segurança.

Living is taking risks on a regular basis. We are all subject to many surprises and risk is inherent to life in all aspects, not only on security matters.

Veja alguns fatores que aumentam o risco. Um deles é o ramo de negócio no qual se trabalha. Por exemplo: um gerente financeiro de grande estabelecimento ou negócio que vende joias, câmbio etc. costuma lidar com altas quantias de dinheiro e valor em seu dia a dia. Por isso, naturalmente está exposto a uma situação de risco. O próprio negócio em que está inserido aumenta esses riscos. Outra situação é quando há uma divergência pessoal entre o criminoso e a vítima. Desafetos entre as pessoas podem gerar o sentimento de ódio e vingança, o que pode causar um problema à segurança pessoal. O terceiro tipo de risco é o da violência urbana. Esse é o mais presente em nossa rotina e é o que está relacionado ao criminoso oportunista que descrevemos anteriormente. É nesse ponto que devemos focar nossa atenção, porque são riscos que estão presentes a todo momento em nosso cotidiano, mas que podem ser minimizados se a pessoa for educada em segurança. Mas como se dá a materialização desse risco?

Here are some factors that increase risks. One of them is the type of business you work in. For example: financial managers working at large establishments or jewelry businesses, currency exchange offices, etc., usually deal with high amounts of money and valuables in their daily routines. Consequently, they are naturally exposed to situations of risk. The business in which one is inserted increases such risks. Another situation might arise when there is a disagreement between the perpetrator and the victim. A mutual dislike between people can trigger a feeling of hatred and vengeance, which could cause a problem for personal security. The third type of risk is that of urban violence. This is the most common risk in our experience and the one related to opportunistic criminals we described earlier. We should focus our attention on this issue because these are ever-present risks in our daily activities and these risks can be minimized if the person has had an education in security. But, how does this risk materialize?

5.2 A materialização do risco e a ação do criminoso

5.2 Materialization of risks and criminals' actions

O criminoso oportunista busca atingir o objetivo com o menor risco possível. Ou seja, ele quer conseguir o dinheiro ou o bem material de maneira rápida e discreta, sem deixar rastros, sem ser reconhecido e muito menos preso. Por isso, o importante é que você coloque obstáculos no caminho entre você e o bandido, fazendo-o desistir da abordagem. A atuação dos criminosos não é repentina e pode ser percebida se a possível vítima estiver atenta. É exatamente nesse período que antecede a abordagem que é possível reverter o quadro. Já falamos anteriormente sobre as viaturas que andam pelas ruas com as luzes apagadas. Por isso, caso estivesse à espreita para concretizar o ataque, ao perceber a aproximação de uma viatura policial, desistiria por conta desse medo de ser preso. Na prática, devemos ligar nossas próprias sirenes. Se numa rua do centro da cidade movimentada você perceber o risco de abordagem, além da prática mais comum, que é entrar em um comércio, uma boa forma de evitar o crime seria gritar, em meio à multidão, um nome qualquer, como se tivesse encontrado um velho conhecido: "João, quanto tempo! Que ótimo encontrar você aqui". Certamente as atenções das pessoas se voltariam a você e o batedor de carteira tende a se afastar.

Opportunistic criminals seek to achieve their goal with the lowest possible risk. That is, they want to get some money or items in a swift and discreet manner, leaving no trace behind while remaining incognito and not being arrested. That is why it is important for you to place obstacles on the path between yourself and criminals in order to make them give up their plans. Criminals' actions are sudden and can be spotted if the likely victim is attentive. It is exactly in the moments preceding the approach that it is possible to reverse the picture. We spoke previously about police cars that run on the streets with their headlights off. That's why criminals who are on the verge of committing a crime would give up on their approach upon sighting a patrol car for fear of being arrested. In practice, we must keep our radars on. If you perceive the risk of an approach at a busy city street downtown, in addition to the common practice of entering a business, an effective way of avoiding the crime would be screaming any name in the crowd as if you had come across an old acquaintance: "John, how long! How nice to see you here." People's attention would certainly turn to you and pickpockets are prone to walking away in that scenario.

Impedir a concretização do crime já engatilhado depende da percepção, por parte da vítima, dos sinais de alerta enviados pelo próprio bandido. Pessoas educadas em segurança já têm a sensibilidade aguçada para ampliar essa percepção de risco à sua volta e conseguem prevenir-se naturalmente de ações criminosas. Ao frear o carro no semáforo, não importa se de dia ou de noite, mantenha os vidros fechados, as portas travadas e não fale ao celular. Como uma pessoa educada em segurança, você deve ficar atenta aos espelhos retrovisores. Vamos supor que você perceba um casal namorando na calçada, uma pessoa escondida ou uma moto com motociclista e garupa e tem a sensação de que há uma incerteza no ar. Esses são possíveis sinais de um crime iminente. Nessa hora, toda atenção é pouca. Estar sempre atento aos movimentos ao redor não significa viver em pânico constante. Pelo contrário. Com o tempo, sua observação crítica será a base do seu conforto. Esse é um processo educativo em segurança.

Keeping a criminal action from taking place depends on the victim's recognition of warning signs sent out by criminals. People who have been educated in security have an amplified sense of perception of risks surrounding them and are able to prevent criminal actions naturally. Regardless whether it's day or night, keep doors locked, windows rolled up all the way and don't talk on the phone when stopped at a traffic light. As someone educated in security you should pay special attention to rear-view mirrors. Let's suppose you notice a couple dating on the sidewalk, a person hiding or a motorcycle with two occupants and you have the feeling that there is a sense of uncertainty in the air. These are possible signs of an imminent criminal action. At this time, your attention should be at its peak. Being constantly aware of movements around you doesn't mean living in a permanent state of panic. On the contrary. Over time, your critical eye will be the foundation of your comfort. This is an educational process towards security.

Estar sempre atento aos movimentos ao redor não significa viver em pânico constante. Pelo contrário. Com o tempo, sua observação crítica será a base do seu conforto. Esse é um processo educativo em segurança.

Being constantly aware of movements around you doesn't mean living in a permanent state of panic. On the contrary. Over time, your critical eye will be the foundation of your comfort. This is an educational process towards security.

Se alguma dessas pessoas em atitude suspeita começa a caminhar em sua direção, por exemplo, o que era risco ou um sinal passa a ser um processo de materialização do crime. Você já tinha detectado a situação de risco e agora ela está mais próxima de se tornar realidade. Nessa hora, você precisa intervir para modificar o cenário. É aí que você pode considerar ultrapassar o sinal vermelho, tocar a buzina, causar um pequeno acidente ou tomar alguma das medidas que descrevemos anteriormente. Se você estiver a pé, atravessar a rua e entrar em algum estabelecimento também é uma atitude válida. Algumas vezes, um simples olhar na direção da pessoa com atitude suspeita já evita uma abordagem, já que o criminoso vai perder o seu trunfo, que é o fator surpresa. O criminoso conta com a falta de atenção da vítima. Quanto menos sinais o alvo captar, melhor para o ban-

If, for instance, any of these people in a suspicious behavior starts walking towards you, what was previously a risk or a telltale sign becomes a process of materialization of the crime. You had already spotted the risk situation and now it is closer to becoming a reality. At this point you need to intervene in order to change the scenario. That's when you should consider running the red light, honking the horn, causing a minor accident or performing any of the measures we described earlier. If you are on foot, crossing the street and walking into any store is also a good initiative. Sometimes, a single glance towards people displaying a suspicious behavior is enough to prevent an approach since criminals lose the surprise factor as their trump card. Criminals rely on their victims' lack of attention. The fewer signs the target can capture, the better it is for the criminal. And

dido. E então a abordagem acontece. O bandido fica à espreita e espera para encontrar uma oportunidade perfeita. Para isso, tem como aliada a distração da vítima. Uma pessoa que está parada no semáforo, com os vidros abertos, braço para fora e olhando para o outro lado é o chamariz perfeito para o oportunista.

that's when the approach takes place. Criminals lurk and wait for the perfect opportunity. To that effect, they rely on their victims' distraction. A person who is waiting at the traffic light, with his/her windows rolled down, one arm out of the car while looking at the other side is the perfect target for opportunistic criminals.

5.3 Como agir durante a abordagem criminosa

5.3 How to behave during a criminal's approach

Sua vida é seu maior tesouro. Lembre-se, sempre: aquilo que o bandido leva não é problema. Problema é o que ele pode deixar na sua vida. Os traumas pós-crime são naturais, já que a situação, por mais rápida que seja, aflora o sentimento do medo e desconfiança. No entanto, o tamanho dessa herança depende diretamente da forma como a vítima reage durante a abordagem. Imagine que a prevenção falhou e você não conseguiu evitar o ataque do criminoso. Pode parecer clichê, mas nesse momento é fundamental controlar o nervosismo. Voltemos ao perfil do criminoso. Tenha sempre em mente que ele é covarde e vaidoso. Durante a ação, ele sente medo de ser reconhecido ou preso, mas também tem a impressão de que é

Your life is your greatest treasure. Always remember: what criminals take is not a problem. The problem is what they can leave behind in your life. Post-crime traumas are natural since the situation, regardless how fast, brings a feeling of fear and distrust to the surface. However, the size of the damage depends directly on how the victim reacts during the approach. Imagine that prevention has failed and you couldn't avoid the criminal's attack. It may seem a bit cliché but, at this point, it is essential to control one's nerves. Let's go back to the criminal's profile. Always keep in mind that he is a coward and vain. During the action he feels afraid of being recognized or arrested, but on the other hand he has the feeling he is the king of the world,

o dono do mundo, que controla a situação e está prestes a ter acesso a um bem. Aquele é o único momento em que ele se sente respeitado por alguém. Tem o prazer de manter o outro submisso. Sendo assim, na hora em que ele diz: "Passa o relógio e o celular", por exemplo, não é o momento para você olhar com jeito de desaprovação e nem de reagir com gritos, acelerar o carro ou fazer qualquer movimento de fuga ou ataque. Não piore o que já está ruim. Levante as mãos. Preste atenção e obedeça às ordens do criminoso. Torça para que aquilo acabe logo e evite qualquer tipo de expressão facial ou corporal.

that he controls the situation and is about to have access to a new item. That is the only moment he feels respected by anyone. He draws pleasure from keeping the other person submissive. As such, when he says: "hand over the watch and the phone", for example, this is not the time for you to look back at him with a disapproving look or to react by screaming, speeding the car or making any escape or attack movement. Don't make a bad situation worse. Raise your hands. Pay attention and follow the criminal's commands. All you can do is hope the situation ends soon and avoid any kind of facial expression or movement.

Não piore o que já está ruim.

Don't make a bad situation worse.

Quando você levanta as mãos, automaticamente transmite duas mensagens ao criminoso: estou rendido e não oferecerei risco algum. Assim que percebe a submissão da vítima, o criminoso se sente no controle da situação

When you raise your hands you automatically convey two messages to the criminal: I surrender and I won't represent any risk. As soon as he realizes the victim is subdued, the criminal feels in control of the situation and

e tende a ficar menos nervoso. Assim, você diminui as chances de ele agir por impulso. Afinal, ele é o principal interessado no êxito da ação. Verbalize e peça permissão para aquilo que você vai fazer, mesmo que seja uma ordem do bandido. Diga: "Posso pegar a bolsa no banco de trás?" ou "Posso sair do carro?". Pode parecer estranho, mas a calma que a vítima passa para o bandido é a chave para garantir a segurança dela mesma.

tends to be less nervous. Thus, you reduce the chances of the criminal acting on an impulse. After all, he is the one with the highest interest in a successful action. Communicate and request permission for what you are to do, even if you're following his commands: "Can I get the purse on the back seat?" or "Can I get out of the car?". It may seem strange but the calm a victim can convey to the criminal is key to ensuring his/her own security.

Como agir durante uma abordagem

- Levante as mãos e mostre-se rendido.
- Controle o nervosismo e não demonstre emoções com expressões ou gestos.
- Jamais faça movimentos bruscos.
- Preste muita atenção nas ordens do bandido.
- Siga exatamente o que ele mandar.
- Peça permissão para tudo o que for fazer, mesmo que seja uma ordem do criminoso.
- Transmita controle emocional para o criminoso.

How to behave during an approach

- Raise your hands and show you surrender.
- Control your nervousness and don't convey any emotion through facial expressions or gestures.
- Never make any sudden moves.
- Pay close attention to the criminal's commands.
- Do exactly as he/she says.
- Request permission for everything you are to do, even if it is to follow the criminal's command.
- Convey emotional control to the criminal.

5.4 Como a educação em segurança ajuda a evitar tragédias?

5.4 How does security education help preventing tragedies?

Reagir no momento do assalto aumenta significativamente o risco de graves lesões e até mesmo morte, ao passo que estar atento e antecipar-se à ação do bandido é excelente alternativa para evitar a abordagem. No entanto, como em todo fenômeno, não é possível blindar-se totalmente. Uma pessoa despreparada ou mal-educada em segurança tem risco de piorar a situação durante um assalto. Ao ser surpreendida por um criminoso armado, seu cérebro recebe um forte estímulo externo e o transmite diretamente ao sistema límbico, responsável pela área das emoções. Dessa forma, a reação da vítima tende a ser tomada com base emocional. Esse fator é o oposto do esperado pelo criminoso, que deve ter suas ordens atendidas prontamente, de forma racional. O risco de falha na abordagem desestabiliza o bandido. Nesse caso, a tragédia se torna iminente.

Uma pessoa bem-educada em segurança diminui sua visibilidade junto ao criminoso. Mesmo assim está sujeita a um assalto. Vítimas com esse perfil recebem o estímulo externo pelo cérebro da mesma forma. Todavia, antes de chegar ao sistema límbico, ele passará pelo córtex cerebral, área responsável pela razão. Esse desvio para o lado racional faz toda a diferença. A vítima tende a controlar melhor a situação crítica e

Reacting during a robbery significantly increases the risk of serious injury and even death, whereas being attentive and anticipating the actions of a criminal is a great alternative to avoid the approach. However, as in any occurrence, we are not able to shield ourselves completely. Someone unprepared or uneducated security-wise risks making things worse during a robbery. When caught off-guard by an armed criminal, one's brain receives a strong external stimulus and sends it directly to the limbic system, the area responsible for our emotions. Thus, the victim's reaction tends to be based on an emotional foundation. This is the opposite of what the criminal expects, which is having his demands met promptly and rationally. The risk of failure in his approach destabilizes the criminal. In this case, tragedy becomes imminent.

A person with a strong security education decreases his/her visibility before criminals. Regardless, the person is still subject to a robbery. Victims with this type of profile receive an external stimulus to the brain in the same way. However, before getting to the limbic system, it will run through the cerebral cortex, the part of the brain responsible for reason. This detour through the rational side makes all the difference. Victims tend to handle the situation a bit better and their actions

suas ações ocorrem com menor tensão e maior autocontrole. Assim, as chances de o criminoso tornar-se mais violento diminuem, bem como o risco da vítima.

unfold with less tension and greater self-control. Thus, chances of criminals becoming more violent are reduced, as well as risks to their victims.

5.5 O que fazer após um assalto?

5.5 What to do after being robbed?

É óbvio que, mesmo sendo educada em segurança, a vítima fica desestabilizada após um roubo. Muitas vezes demora para cair em si e perceber o que realmente aconteceu. Durante alguns minutos, ela pode se desesperar, chorar e pensar em ligar para todas as pessoas que conhece. Nessa hora, também é preciso controlar-se. Levante a cabeça e respire fundo porque o pior já passou. O que poderia ser feito já aconteceu e, felizmente, o bandido levou apenas coisas materiais. Por isso, pare e pense no que ele levou e o que é mais urgente nessa situação. Isso é o que chamamos de gerenciar consequências.

Verifique se é realmente necessário chamar a polícia ou se apenas reportar o incidente e fazer um boletim de ocorrência já basta. Pense para quem é necessário ligar primeiro. Em algumas ocasiões, é mais urgente

It's obvious that even for someone educated in security, victims become destabilized after a robbery. Quite often it takes some time for them to come to their senses and realize what has really happened. For a few minutes, people can despair, cry and think of calling everyone they know. At this time, it's important to control yourself. Raise your head and take a deep breath because the worst is over. What could be done has already been done and, fortunately, the criminal has taken only material things. As such, stop and think about what he took and what is more pressing in this situation. This is what we call managing consequences.

Check if it is really necessary to call the police or whether simply reporting the incident and filling out the police report is enough. Think about who you

ligar para alguém do trabalho, para que tome as devidas providências, do que para a esposa ou marido. Não é fundamental ligar para todo mundo nesse instante. Lembre-se de que é muito importante avisar a polícia sobre o ocorrido para dados estatísticos. Há ainda a possibilidade de fazer um boletim de ocorrência eletrônico via internet, exceto para os crimes que tenham sido praticados com violência ou que exijam a presença de perícias especializadas. Em caso de roubo de veículo ou qualquer objeto (mediante violência ou grave ameaça), dirija-se ao Distrito Policial mais próximo do local da ocorrência e, de posse dos seus dados e do que foi subtraído, informe o ocorrido para registro da ocorrência.

need to call first. Sometimes, it is more urgent to call someone at work so they can take appropriate action instead of calling one's wife or husband. It is not essential to call everyone right away. Remember that it is very important to notify the police about the incident for statistical data. There is also the possibility of filling out an electronic report via the internet, except for crimes which have involved violence or which require specialized investigation.

In case of theft of vehicles or any personal belonging (through the use of violence or serious threat), Head to the nearest police station bearing your personal data and details on what has been stolen to report the incident so it can be properly recorded.

Mito esclarecido

Um dos mitos relacionados à segurança é que fazer o estilo *low profile*, discreto, evita abordagens criminosas. Isso não é verdade. O assaltante busca a melhor oportunidade para sua ação. Imagine que, em uma rua qualquer, estão um carro luxuoso e um carro antigo, parados diante do mesmo semáforo. A princípio, é claro que o carro mais caro vai chamar atenção do bandido. No entanto, o dono do veículo luxuoso é educado em segurança e, por isso, está com os vidros fechados, portas travadas e manteve a distância de segurança do carro da frente. Já o dono do carro antigo está com o vidro aberto e falando ao celular. Nesse instante, o alvo aparentemente mais óbvio deixa de ser atrativo para o criminoso, pois ele perderá mais tempo na ação pedindo para a vítima abaixar o vidro. O dono do carro antigo é o mais vulnerável, desatento e abriu as oportunidades para a ação do criminoso. Com isso, tornou-se alvo perfeito para um roubo. O mesmo bandido oportunista pode roubar muitas pessoas em um dia. Nesse caso, é o somatório que faz a diferença. Não é porque o seu relógio, carro ou celular é mais barato que você será poupado. O que evita a abordagem é a atenção, prevenção e educação em segurança.

Clarifying the myth

One of the myths related to security is that one avoids criminal approaches by displaying a discreet and low profile. That's not true. Criminals look for a better opportunity for their strike. Imagine that a luxury car and an old one are both waiting at the traffic light on a street somewhere. At first, the most expensive car will surely draw the criminal's attention. However, the owner of the luxury vehicle has had an education in security and, therefore, has got his/her windows rolled up, doors locked and has kept a safe distance from the car in front. On the other hand, the owner of the old car has got his/her windows rolled down and is talking on the phone. At that moment, the seemingly most obvious target is no longer attractive to the criminal because he will spend more time getting the victim to roll the window down. The owner of the old car is the most vulnerable and inattentive one, offering the criminal an opportunity to act. By doing so, he/she has become a perfect target for the robbery. One single opportunistic thug can rob several people in one day. In that case, it's the sum of each single crime that makes the difference. You will not be spared because your watch, car or mobile phone is cheap. What prevents a criminal's approach is attention, prevention and security education.

6. Recursos adicionais de segurança

6. Further security features

Além da prevenção e educação em segurança, essenciais para diminuir os riscos da abordagem, a tecnologia coloca serviços e estratégias que funcionam como barreiras entre o criminoso e a vítima. Por isso, sabendo e podendo usá-las, essas ferramentas podem dificultar bastante a vida dos bandidos. Conheça alguns dos dispositivos mais comuns.

In addition to prevention and security education, which are essential to reduce the risks of an approach, technology enables services and strategies which work as barriers between perpetrators and victims. As such, these tools can make the lives of criminals quite difficult as long as one knows about and is able to use them. Get to know some of the most common devices.

6.1 Iluminação

6.1 Lighting

É senso comum que a iluminação influencia diretamente na criminalidade. Ela é a principal aliada do fator surpresa tão desejado pelos criminosos. Áreas pouco iluminadas são perfeitas para esconder o bandido momentos antes da abordagem e facilitam a observação dos hábitos da possível vítima. Em meados da década de 1970, na Inglaterra, parte da iluminação pública foi reduzida por conta da crise do petróleo. O resultado dessa medida foi um aumento de 100% nos indicadores de furtos e de 50% nos índices de criminalidade. Segundo Frederico Vasconcelos, em reportagem publicada em maio de

It is common sense that lighting has a direct influence on crime. It is the main ally of the surprise factor criminals wish for so strongly. Poorly-lit areas are perfect for keeping criminals out of sight before a hit and facilitate the observation of the targeted victim's habits. In mid-70s England, part of the public lighting was reduced due to the oil crisis. The result of this measure was a 100% spike in thefts and 50% increase in crime rates. In a report published in Folha de Sao Paulo in May 2001, Frederico Vasconcelos stated that "the 50% cut in the public lighting

2001 na *Folha de S.Paulo*, “o corte de 50% na iluminação pública da cidade costeira de Brighton, na Inglaterra, como parte das medidas de emergência diante da crise do petróleo dos anos 70, provocou substancial aumento do crime”. Os dados da pesquisa realizada à época revelaram que o número de arrombamentos durante a noite dobrou. Os furtos de veículos aumentaram 59%. Mas o que podemos fazer em relação à iluminação pública? Pouco. No máximo, podemos comunicar a Prefeitural Regional sobre lâmpadas queimadas ou postes com defeitos. Mas, quando se trata da própria residência, aí sim pode-se agir de forma eficaz. No caso de condomínios, é comum o projeto original da implantação prever uma boa iluminação perimetral, principalmente nos acessos ao prédio. Em casas particulares, com saída para a rua, não deve ser diferente. Instale holofotes com sensores de presença em pontos estratégicos de muros, portões e grades. Quanto mais iluminados os acessos, menores as chances de invasão. Fique atento à vegetação ao redor da casa. Durante o dia você pode não perceber, mas os galhos e folhagens, à noite, podem obstruir a iluminação dos pontos desejados.

in the seaside town of Brighton, England as part of the emergency measures for the oil crisis of the 70s caused substantial increase in crime." The survey data at the time showed that the number of overnight break-ins had doubled. Vehicle theft increased by 59%. But what can we do about street lighting? Little. At most, we can communicate the district administration in the municipality about burnt-out light bulbs or faulty poles. But when it comes to their homes, that's when people can act effectively. In the case of residential buildings, it is common for the original architectural design to contemplate proper perimeter lighting, particularly at access points. At private homes which have an access point facing the street, things should not be different. Install floodlights with presence sensors at strategic spots on fences, gates and iron bars. The more lighting is placed at access points, the lower the chances of break-ins. Pay attention to the vegetation around the house. You may not realize it during the day, but branches and shrubs can block lighting of specific spots at night.

6.2 Alarmes

6.2 Alarm systems

Lembre-se do exemplo citado em capítulo anterior, sobre a buzina durante uma abordagem no trânsito. Qualquer elemento que chame atenção das pessoas e, é claro, da polícia tende a afastar os criminosos. Por isso, o alarme residencial, combinado às demais medidas de prevenção a invasões sugeridas aqui, constitui elemento eficiente de proteção. Há diversos tipos disponíveis no mercado, desde uma simples campainha até modelos sofisticados atrelados a receptores de infravermelho, cercas elétricas e ligados a centrais de segurança particulares. O ideal é consultar e contratar os serviços de uma empresa especializada, que fará a manutenção adequada e fará a instalação de modo a aproveitar 100% da tecnologia proporcionada pelo equipamento escolhido. O ladrão dificilmente continuará na residência diante de um barulho ensurdecedor que incomode a vizinhança.

Remember the example mentioned in the previous chapter about honking the horn during an approach in traffic. Any element which manages to capture people's attention - and, of course, the police's - tends to ward off criminals. Therefore, residential alarm systems combined with other measures for the prevention of break-ins suggested here constitute efficient elements of protection. There are several types of alarm systems available in the market, from a simple bell to sophisticated models coupled to infrared receivers, electric fences and connected to private security services. The best-case scenario is to consult with and hire the services of specialized companies which will run the proper maintenance and do the installation in order to secure 100% effectiveness of the chosen equipment. The thief will hardly remain at the site when a deafening noise goes off, bothering the neighbors.

6.3 Câmeras

6.3 Cameras

As câmeras de monitoramento, assim como os alarmes, não são novidade no campo da segurança residencial. No entanto, têm se mostrado cada vez mais eficientes na prevenção de crimes e invasões. O famoso "sorria, você está sendo filmado" não só afasta os bandidos como protege as instalações da casa de delitos simples como danos à fachada (pichações) e estragos no jardim. Hoje em dia, a tecnologia de smartphones potencializou o poder dessas câmeras, que podem ser monitoradas de forma remota pela web. As câmeras também podem ser coligadas aos televisores da casa, num canal específico, assim como ocorre em condomínios de apartamentos. Qualquer movimento suspeito pode ser denunciado à portaria, que tomará as devidas providências. Isso inclui desde o desrespeito às regras do próprio condomínio a invasões e furtos realizados por terceiros.

Monitoring cameras, as well as alarm systems, are not new in the field of home security. However, they have proven increasingly efficient in preventing break-ins and crimes. The well-known "smile, you're on camera" not only keeps criminals at bay but also protects the house against minor crimes as well as damage to facades (graffiti) and the garden. Nowadays, smart phone technology has enhanced the power of such cameras, which can be monitored remotely over the web. The cameras can also be connected to TV sets around the house in specific channels, much like what happens in residential buildings. Any suspicious movement may be captured by the security team, who will then take proper action. Images captured range from disregard for building rules by residents to break-ins and theft carried out by third parties.

Principais tipos de câmeras de segurança

■ Câmera CCD (*charge-coupled device*): é equipada com um sensor de luz que é responsável por transformar a luz num sinal elétrico. Oferece a possibilidade de troca de lente e tem ajuste de acordo com a luminosidade do local monitorado.

■ Câmeras falsas: são equipamentos de fachada, instalados apenas para inibir a ação dos criminosos. Não têm mecanismo de captação e transmissão de imagens.

■ Câmeras articuladas: realizam movimentos horizontais e estão ligadas a uma mesa de operação. Nesse caso, o operador pode direcionar a lente a um determinado ponto do espaço, de acordo com a necessidade. Em geral são envolvidas por uma proteção esférica de plástico. Possibilitam *zoom*.

■ Câmeras com infravermelho: têm a capacidade de captar imagens no escuro. Não necessitam ser instaladas em locais com boa iluminação.

■ Coloridas ou preto e branco: espaços como garagens e escadas, mais escuros, exigem a instalação de câmeras com imagem em preto e branco, já que estas captam com maior sensibilidade os movimentos em áreas pouco iluminadas. Modelos coloridos — que devem necessariamente estar ligados a monitores da mesma natureza — são indicados para espaços bem iluminados e são capazes de definir, com precisão, a fisionomia de uma pessoa.

Main types of security cameras

■ CCD Camera (charge-coupled device): it is equipped with a light sensor which is responsible for turning light into an electrical signal. These cameras adapt to the brightness conditions of the monitored site and allow lenses to be exchanged.

■ Fake cameras: these are not real cameras. They are installed only to discourage criminal actions. They have no mechanism for capturing and broadcasting images.

■ Hinged cameras: perform horizontal movements and are linked to a control desk. In this case, the operator can aim the lens to a specific point in space as needed. In general, they are protected by a plastic dome. Zooming capabilities.

■ Infrared cameras: have the capability to capture images in dark settings. Do not need to be installed at well-lit locations.

■ Color or black and white cameras? poorly-lit locations such as parking areas and stairs require the installation of black-and-white cameras as they capture movements with greater sensitivity in low lighting conditions. Color models — which must necessarily be connected to color monitors — are recommended for well-lit spaces and are able to accurately display someone's facial features.

Importante

Ao adquirir uma câmera de monitoramento, pergunte a um profissional especializado sobre a distância focal do equipamento. Dependendo da lente utilizada, aumenta-se ou diminui-se o campo de visão da câmera, o que compromete o monitoramento total do espaço em questão. Também leve em consideração a iluminação. Esta deve apoiar o sistema de câmeras. Locais mal-iluminados devem receber iluminação adequada para não ofuscar a lente e também para que possa iluminar o local sob vigilância.

Important

when purchasing a monitoring camera, ask a professional about the focal length of the equipment. Depending on the lens used, the viewing field of the camera can be either increased or decreased, which compromises the overall monitoring of the space at hand. Also take lighting conditions into account as it has an impact on security camera systems. Dimly lit locations should have adequate lighting in order not to blur the lens and also to assure the location to be secured is properly lit.

6.4 Proteção perimetral

6.4 Perimeter protection

Proteger os limites de uma propriedade é fundamental para conter a invasão de criminosos oportunistas. Na prática, quanto mais difícil for o acesso a um imóvel particular, menor será o risco de roubos não planejados ou a entrada de curiosos em quintais e jardins. Cercas elétricas, perfurantes ou barreiras de infravermelho são obstáculos criados para os invasores e são muito eficazes no que se refere a desistência por parte do indivíduo mal-intencionado.

Existem outros tipos de proteção perimetral para aplicações mais específicas, que vão desde muros e alambrados especiais, assim como sensores e equipamentos diversos. É importante consultar um especialista para que oriente a instalação de recursos adequados para cada local.

Protecting the perimeter of a property is essential to ward off break-ins by opportunistic criminals. In practice, the harder it is to gain access to a private property, the lower the risk of unplanned robberies or trespassing into backyards and gardens. Electric/spiked fences or infrared barriers are obstacles raised against invaders and are very effective when it comes to causing ill-intended individuals to give up their plans.

There are other types of perimeter protection for specific applications ranging from walls to specific fences, as well as several types of sensors and equipment. It is important to seek the guidance of a specialist for the installation of appropriate devices at each site.

Três tipos básicos de proteção perimetral

■ Cerca elétrica: objetiva impedir o invasor de pular o muro ou grade do imóvel. Em geral, o sistema funciona por meio de sensores (fios de aço inox) sustentados por hastes com isoladores de poliéster e instalados sobre muros, grades e portões. Caso um dos fios seja rompido, um alarme dispara. É possível interligar o sistema a luzes e discadores telefônicos de aviso com centrais de segurança privada. Alguns sistemas de cerca elétrica dão uma descarga de 8 mil a 11 mil volts, com baixa amperagem. Isso provoca um susto no bandido, sem deixar sequelas ou danos à saúde do invasor.

■ Concertinas: herança dos campos de guerra, essa barreira é feita de aço galvanizado ou inoxidável e, por isso, oferece boa resistência ao corte. O sistema objetiva bloquear e impedir o acesso do agressor graças às lancetas perfurantes que podem causar ferimentos profundos. Como não dependem de energia elétrica, as concertinas dispensam manutenção constante e têm longa duração graças ao material de longa durabilidade (aço).

■ Infravermelho: esse é o mais moderno dos recursos quando se fala em barreiras perimetrais. Instalado sobre muros, grades, janelas ou portões, quando acionados lançam um raio infravermelho linear que forma uma barreira invisível entre um transmissor e um receptor. Caso haja a interrupção dessa linha, um alarme é acionado. Esse sistema não interfere na fachada do imóvel, mas não é detectado pelo invasor a menos que este se aproxime dos transmissores.

Three basic types of perimeter protection

■ Electric fence: aimed at keeping invaders from jumping over the property wall or fence. In general, the system works by using sensors (stainless steel wire) supported by rods with polyester insulators and is installed on walls, railings and gates. If one of the wires is broken, an alarm goes off. It is possible to connect the system to warning lights and telephone dialing systems connected to private security call centers. Some electric fence systems provide a low-amperage discharge of 8,000 to 11,000 volts. This scares criminals away, leaving no damage or side effect to the burglar's health.

■ Concertinas: heritage of war camps, this barrier is made of galvanized or stainless steel and, therefore, offers good resistance to cutting. The system is aimed at blocking and preventing access of trespassers due to piercing barbs which may cause serious injuries. As they don't depend on electricity, concertinas do not require constant maintenance and are long-lasting due to its durable raw material (steel).

■ Infrared: this is the most modern resource when it comes to perimeter barriers. Installed on walls, railings, windows or gates, it shoots a linear infrared beam when activated, forming an invisible barrier between a transmitter and a receiver. In case the beam is interrupted, an alarm is triggered. This system does not have an impact on the facade of the building, but it is also not detected by trespassers except when they approach the transmitters.

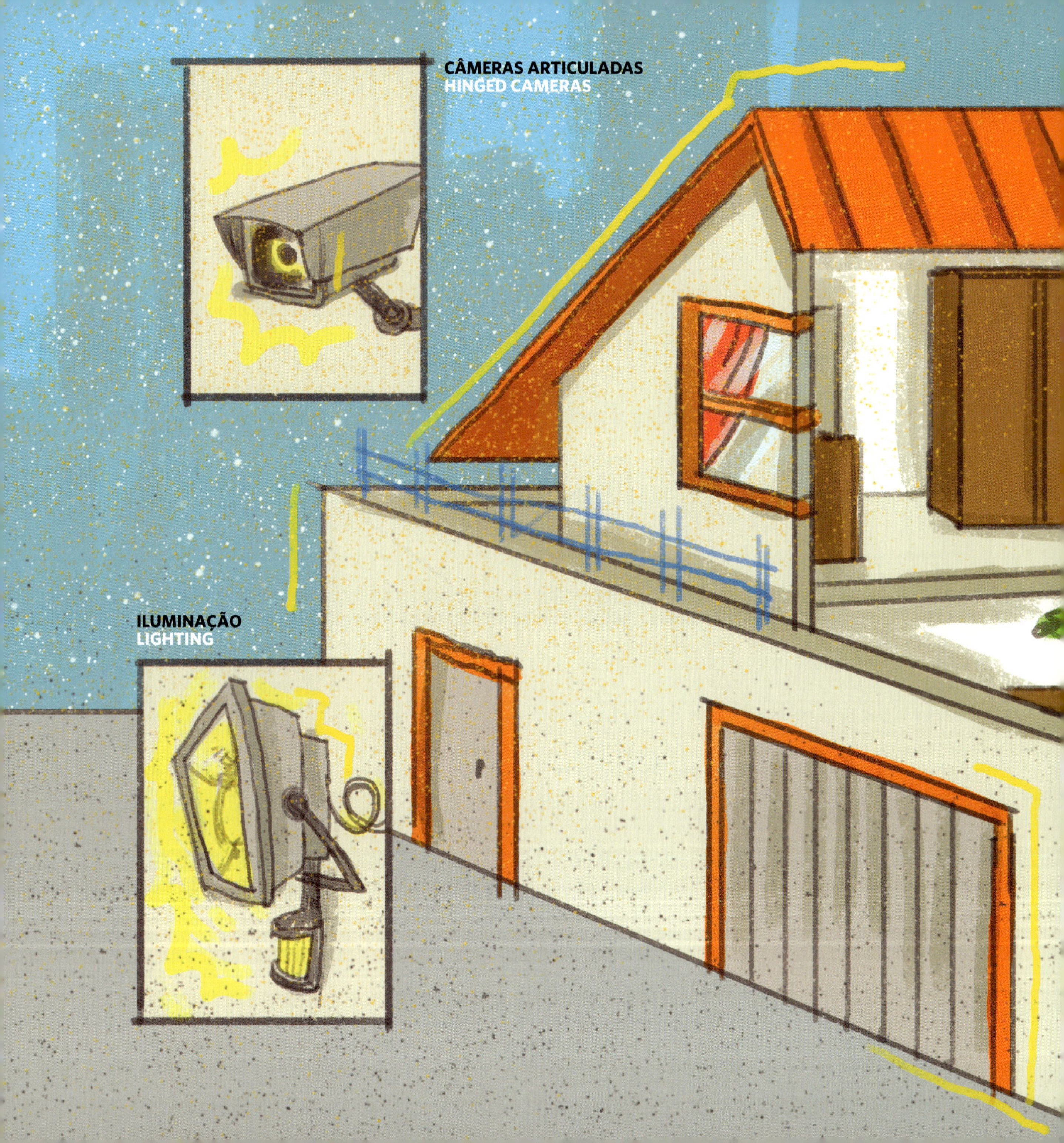
CÂMERAS ARTICULADAS
HINGED CAMERAS
ILUMINAÇÃO
LIGHTING

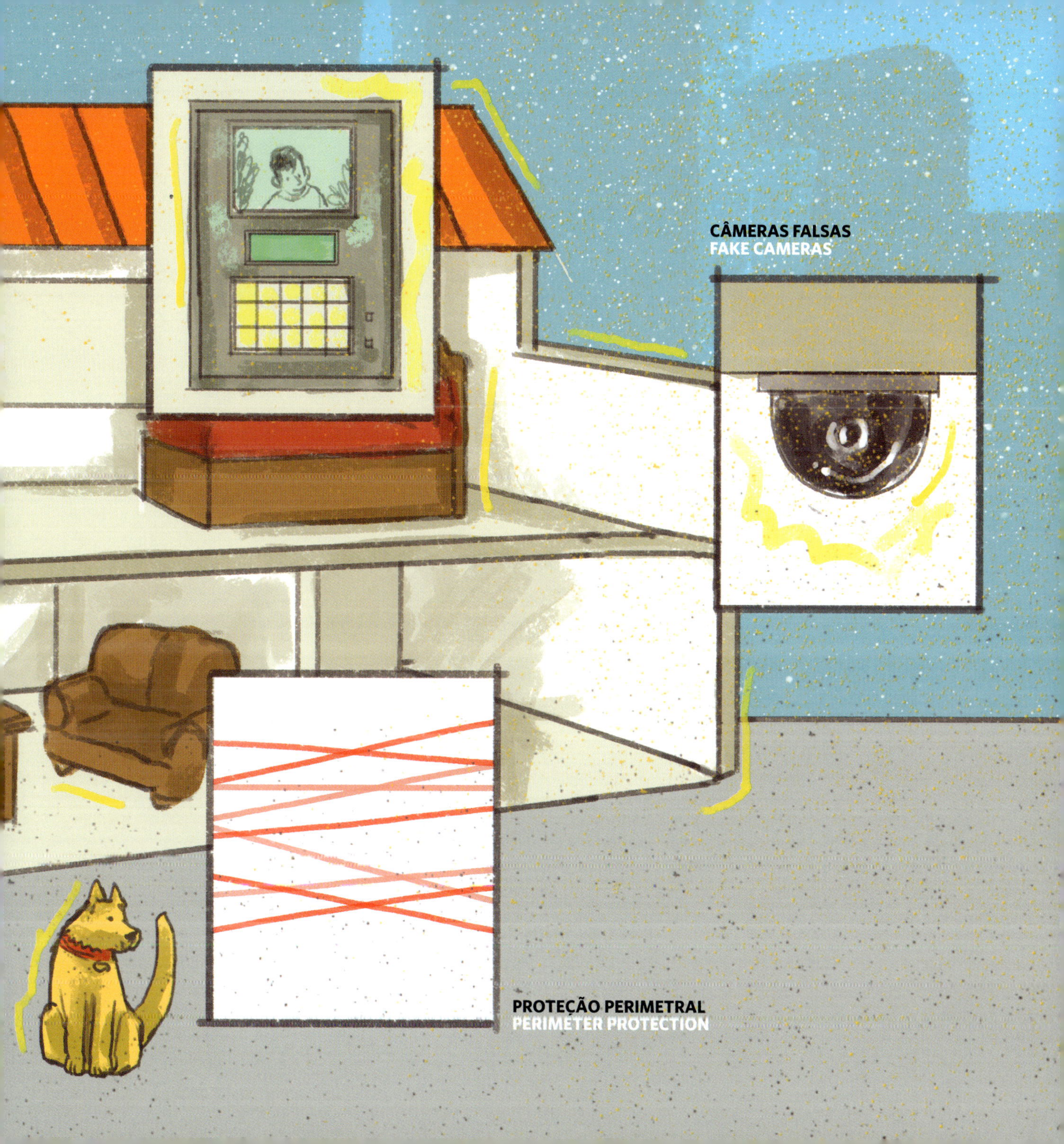
CÂMERAS FALSAS
FAKE CAMERAS
PROTEÇÃO PERIMETRAL
PERIMETER PROTECTION

6.5 Serviços de escolta e guarda-costas

6.5 Convoy escorting and bodyguard services

Cada vez mais comuns em centros urbanos populosos, os serviços de escolta e guarda-costas têm como objetivo evitar os combates com agressores, sempre com o objetivo de preservar a vida. Esses agentes de segurança são treinados para desenvolver a percepção aguçada do risco e antecipar-se à ação dos bandidos. Com base no estudo psicológico dos agressores, os guarda-costas são treinados para prever o comportamento dos bandidos. Isso evita que sejam surpreendidos durante uma tentativa de abordagem. A vestimenta desse profissionais acompanha o ambiente em que está o cliente protegido. Em situações formais, devem portar os famosos ternos escuros. Já em ambientes informais, a indumentária pode acompanhar aquela dos demais presentes. Esses profissionais geralmente possuem treinamento de artes marciais.

Combinado com a segurança pessoal, está o serviço de escolta. Nesse caso, geralmente se realiza o acompanhamento do automóvel do cliente por um outro que acompanha o trajeto.

Increasingly common in populated urban centers, bodyguard and convoy escorting services are aimed at avoiding direct combat with attackers and always have the ultimate goal of preserving life. Such security officers are trained to develop keen perception of risk and to anticipate actions by criminals. Based on the psychological study of attackers, bodyguards are trained to predict criminals' behavior. This keeps them from being caught by surprise during an attempted approach. The dress code for such professionals depends on the environment in which their clients are. In formal situations, they must wear the widely-recognized dark suits. The dress code can follow that of other participants in informal environments. These professionals are usually trained in martial arts.

Convoy escorting services usually operate in tandem with bodyguards. This type of service is usually performed by an escort car which follows the client's car during its commute.

Como age a escolta durante uma abordagem

■ O veículo de escolta sempre deve rodar em segunda ou terceira marcha, para facilitar manobras e arrancadas bruscas.

■ O carro escolta vê um veículo suspeito se aproximando. Nesse momento, faz uma curva aberta e deixa o carro do cliente passar pelo meio. Funciona como uma espécie de escudo.

■ O condutor do veículo de escolta protege o cliente do veículo agressor. Em caso de necessidade, os seguranças possuem treinamento para atirar.

How do convoy escort professionals behave in case of an approach

■ The escort vehicle must always run on second or third gear to facilitate maneuvering and sudden bursts of speed.

■ Let's suppose the escort vehide sees a suspicious vehicle approaching. At that moment, it makes a wide turn and lets the client's car drive through the middle. It works as a kind of shield.

■ The driver of the escort car protects the client's vehicle from the assailant's car. If need be, bodyguards have the proper shooting training.

Equipamentos obrigatórios para um segurança ou escolta particular

■ Lanterna: usada para verificar se há algum objeto ou equipamento estranho na parte inferior do veículo ou porta-malas.
■ Revólver ou pistola calibre 380 (permitido para a segurança particular).
■ Canivete: permite corte de cordas e oferece ferramentas multiuso.
■ Óculos escuros: reforçam a discrição do agente de segurança.
■ Colete à prova de balas: podem conter inclusive tiros à queima-roupa, dependendo das características do armamento utilizado.
■ Rádio e fones de ouvido: garantem a comunicação com a equipe.

Equipment required for a bodyguard or private escort

■ Flashlight: used to check whether there is any strange equipment or object at the bottom of the vehicle or in the trunk.
■ 380 caliber pistol or revolver (allowed for private security).
■ Pocket knife: for cutting ropes while offering multipurpose tools.
■ Sunglasses: reinforce the anonymity of security agents.
■ Bulletproof vest: may stop even point blank range shots depending on the characteristics of the weapons used.
■ Radio and headphones: ensure communication with the team.

6.6 Blindagem veicular

6.6 Vehicle armoring

Os primeiros veículos blindados tinham uma massa agregada aos veículos em mais de 200 kg no início da década de 1990. Atualmente, a implementação da blindagem representa metade desse peso, com algo próximo a 150 kg para um veículo sedan de médio porte. Para um veículo SUV (*Sport Utility Vehicle*), o kit de equipamentos pode chegar a aproximadamente 200 kg. Pesquisas que envolvem os materiais utilizados na blindagem têm obtido resultados bastante satisfatórios tanto na redução da massa do material empregado como na modificação da estrutura original dos veículos.

Os materiais utilizados na blindagem são classificados em dois grupos: opacos e translúcidos. Os opacos são aqueles que não podem ser vistos pelo lado de fora do veículo, pois estão aplicados entre a carroceria e os demais itens do veículo (portas, painel, teto etc.). Nesse caso, são utilizadas mantas de aramida (o mesmo material utilizado nos coletes à prova de balas). Já os materiais translúcidos referem-se aos vidros. Além desse dois grupos básicos, é utilizado o aço balístico para proteger áreas mais sensíveis do veículo, geralmente maçanetas, colunas, espelhos retrovisores e as juntas onde ocorre o encontro das mantas de aramida com os vidros.

A aplicação da blindagem faz com que o veículo fique mais pesado na parte superior, o que se traduzirá em interferência na estabilidade, principalmente em curvas, onde as transferências de carga laterais são mais acentuadas. Além dessa interferência, veículos blindados apresentam desgaste prematuro em outros itens: freios, suspensão, pneus e máquinas de levantar vidros, entre outros.

In the early 90s, the first armored vehicles had an aggregate mass of approximately 300 kg added to their weight. Currently, shielding comes in at half that weight, at approximately 150 kg for a mid-sized sedan. For an SUV (Sport Utility Vehicle), the armoring kit can reach approximately 200 kg. Research involving shielding materials has achieved very satisfactory results both in reducing the weight of the material used as well as modifications to the original structure of cars.

Materials used in armoring are ranked in two groups: opaque and translucent. Opaque materials are those which cannot be seen from the outside of the vehicle as they have been applied between the body and other parts of the vehicle (doors, dashboard, roof, etc.). In this case, aramid fabrics are used (the same material used in bulletproof vests). Translucent materials refer to the windows of the car. In addition to these two basic groups, ballistic steel is used to protect the most sensitive areas of the vehicle, such as handles, columns, rear-view mirrors and junction points where aramid and glass meet.

The shielding itself makes the top portion of the vehicle heavier, which will translate into stability issues. That is more noticeable particularly in curves where lateral load transfers are more pronounced. In addition to that, armored vehicles present premature wear on other items: brakes, suspension, tires, window mechanism, among others.

Basically, shielding can be installed in two different ways: directly at the factory or through a special

150 QUILOS
É o que representa o material agregado para blindagem de um sedan.

150 KILOS
Agregate mass for armored vehicles (mid-sized sedan).

A blindagem pode ser realizada basicamente de duas maneiras: diretamente na fábrica ou por um processo de montagem. A primeira consiste em aplicar os recursos de blindagem ainda no processo de produção do veículo, enquanto a segunda é realizada após o veículo já pronto e entregue pela fábrica. Veículos que recebem o recurso de blindagem ainda no processo de fabricação já tiveram considerados no seu projeto a recepção dos materiais de proteção, e a porta já é preparada para receber lâminas mais pesadas. A própria máquina responsável pela abertura e fechamento da janela tem potência mais elevada, adaptada à sobrecarga. O veículo blindado por montagem é todo desmontado e tem os seus vidros substituídos. Os materiais opacos são aplicados no interior da estrutura e o veículo é remontado. A sensação ao dirigir um veículo sedan blindado por esse sistema não altera significativamente a sensação ao dirigir, mas ainda é perceptível. Mesmo assim, deve-se considerar uma forte interferência na sua originalidade. Já nos veículos de centro de gravidade mais elevado, a sensação provocada pelas alterações é altamente perceptível, chegando a exigir em muitos casos maior atenção na condução para dirigir.

Em termos de proteção balística (contra tiros de armas

assembly process. The first process involves the application of shielding features while the car is being manufactured, whereas the second one is carried out after the vehicle is assembled and delivered by the factory. Vehicles which are shielded during the manufacturing process have already factored in the additional shielding material, so doors are prepared to receive heavier window blades. The window lifting system, responsible for opening and closing the windows, has a higher power rating to handle the excess load. Special assembly vehicles are disassembled and their window panels are replaced. Opaque materials are applied within the structure and the vehicle is subsequently reassembled. Driving a sedan vehicle shielded through this system does not change the experience in a meaningful manner, but it is noticeable. Even so, one must consider it means a strong change to the original design of the vehicle. For vehicles with a higher center of gravity, the sensation caused by the changes is highly noticeable, often requiring greater attention to one's steering technique while driving.

Both systems deliver in terms of ballistic protection (against rounds shot by firearms), but it is important

de fogo), tanto um quanto outro proporcionam, mas é preciso ter muita atenção e verificar o nível da blindagem, bem como a confiabilidade da empresa blindadora para saber o que está adquirindo. Os materiais de blindagem utilizados são praticamente os mesmos. A diferença consistirá, portanto, na aplicabilidade que se deseja, na dirigibilidade e manutenção. Atualmente, são muito poucas as fábricas que oferecem o veículo blindado ainda na sua produção, geralmente restritas ao segmento premium, inacessíveis para a grande maioria das pessoas, mas a blindagem tem se popularizado a cada dia.

Mas, quando se fala em proteção contra tiros, é importante que se saiba que qualquer blindagem veicular de uso civil busca proteger os ocupantes do veículo, e não o próprio veículo. Assim, o motor não recebe proteção, nem o porta-malas e o assoalho. Normalmente a blindagem é aplicada entre o painel e o motor, teto, atrás do banco traseiro dos passageiros e nos pneus. Qualquer outro local pode ser protegido, mas funciona como blindagem adicional (bateria, tanque de combustível, motor, porta-malas, assoalho), ou seja, o habitáculo é protegido.

Os pneus podem ser protegidos de duas maneiras. Uma é a aplicação de uma cinta nas rodas. Caso o pneu receba algum disparo por arma de fogo, vai esvaziar e, caso o motorista continue rodando (esta é a recomendação em caso de ocorrências), o mesmo vai detalonar (sair da roda). A cinta aplicada na roda permitirá o deslocamento até aproximadamente 80 km/h por uma distância média de 50 km. Outra opção é a utilização de pneus *run flat*. São pneus que têm a parte lateral mais reforçada e permitem o deslocamento mesmo esvaziado e, em caso de perfuração e esvaziamento, será mantido e permitirá deslocamento semelhante ao oferecido pelo recurso anterior.

Os vidros são constituídos basicamente por um con junto de componentes. O material mais duro (vidro) é

to pay close attention and check the shielding level as well as the reliability of the shielding company to know what is being purchased. Shielding materials employed are practically the same. Therefore, the difference will lie in handling, maintenance and the applicability desired. Very few factories currently offer armored vehicles out of the production line and they are usually restricted to the premium segment, which is out of reach for the vast majority of people. However, shielding is becoming more popular by the day.

But when it comes to bulletproofing, it is important to know that any vehicular shielding for civilian use is aimed at protecting the occupants of the vehicle and not the vehicle itself. As such, the engine, floor and trunk are not shielded. Shielding is usually positioned between the dashboard and the engine, roof, behind the rear passenger seat and on tires. Any other part of the car can be protected, but it works as additional shielding (battery, fuel tank, engine, trunk, floor), which means only the passenger compartment is protected.

Tires can be protected in two ways. One is the application of a wheel belt. If a tire gets hit by a shot it will deflate and, in case the driver keeps moving (this is the recommendation in that situation), it will decouple from the wheel rim. The belt applied to the wheel will enable the car to move at 80 km/h for an average distance of 50 km. Another option is to employ run flat tires. These tires have a reinforced side wall enabling the car to move even if the tire is flat. In case of a puncture and subsequent deflation, the car will be able to move at the same speed and distance as the previous type of tire.

Glass panels are made up of a series of components. The harder material (glass) is responsible for

Graus de proteção de blindagem

O grau de proteção do veículo se refere a resistência aos diversos tipos de armamentos e projéteis. Foram criadas algumas normas para padronização da aplicação de blindagens veiculares: a norte-americana (NIJ - National Institute of Justice), uma das mais seguidas nas Américas, e a norma alemã (DIN - Deustche Industrie Norm), além de outras.

Os níveis permitidos para uso civil são NIJ-i, NIJ-II, NIJ-IIA, NIJ-IIIA e os da norma DIN (B1, B2, B3, B4 e B5). Todas eles protegem, conforme o seu grau de proteção, os calibres menores (22) até o 44 Magnum. Acima desses calibres vêm os fuzis, de uso restrito, que seguem as normas NIJ-III, NIJ-IV, B6 e B7. Os carros-fortes no Brasil são blindados de acordo com esses parâmetros.

Shielding protection degrees

The protection degree for the vehicle refers to resistance to various types of weapons and projectiles. Some norms have been established in order to standardize the use of armoring: the North American norm (NIJ-National Institute of Justice), one of the most commonly observed norms in the Americas, and the German norm (DIN-Deutsche Industrie Norm), in addition to other existing norms.

Levels authorized for civilian use are NIJ-I, NIJ-II, NIJ-IIA, NIJ-IIIA and DIN (B1, B2, B3, B4 and B5). All of these norms offer protection - as per their degree of protection - from smaller calibers (22 up to 44 Magnum). Above these calibers we have rifles, which are restricted in use and follow the NIJ-III, NIJ-IV, B6 and B7 norms. Armored trucks in Brazil are shielded as per these parameters.

responsável pela diminuição da velocidade do projétil, o policarbonato e os outros componentes respondem pela diminuição dos efeitos da onda de choque (como uma pedra jogada no lago e que forma ondas) por serem mais flexíveis.

O material opaco formado pela manta de aramida é flexível e, como o projétil se desloca em movimento helicoidal (como uma hélice) e em rápida velocidade, ao ter contato com as partes duras do veículo (o que provoca a deformação), diminui a sua capacidade de perfuração (velocidade) e por fim é contido pelas tramas dos tecidos da aramida, altamente resistente no ponto de contato do projétil.

Já as placas de aço funcionam como reforços entre um material e outro e, por serem extremamente duras, não permitem a sua perfuração de acordo com o grau de proteção empregado no veículo.

the decrease in the speed of the projectile. Because they are more flexible, polycarbonate and other components are responsible for reducing the effects of the shock wave (much like the ripples formed by a stone thrown into a lake).

The opaque material - made up of aramid - is flexible. As projectiles move in a spiral motion (like a propeller) at high speed. Their penetration capacity (speed) is reduced as it hits the hard surface of the vehicle (deforming the metal panel). Subsequently, it is finally stopped by the aramid fabric, which is highly resistant at the point of contact with the projectile.

On the other hand, steel plates act as a reinforcement between the materials and, because they are extremely tough, they will stop the bullet's penetration as per the protection degree employed in the shielding.

Recomendações importantes para utilização da blindagem

■ Antes de contratar uma empresa de blindagem, certifique-se de que possui todos os documentos e autorizações expedidas pelo Ministério do Exército.

■ É preciso auditar o processo de blindagem para certificar-se de que todas as áreas do automóvel estejam protegidas. Ao término do serviço, é essencial verificar eventuais barulhos e problemas no funcionamento de todos os equipamentos eletrônicos de fábrica do carro, como abertura e fechamento de vidros, ajuste de retrovisores etc. Além disso, é preciso acompanhar e avaliar possíveis áreas de infiltração de água.

■ Por fim, o usuário deve receber um treinamento de Direção Defensiva e Evasiva para adaptar sua maneira de dirigir às condições sociais de violência urbana. Dessa maneira, conseguirá potencializar o recurso de proteção da blindagem.

Important recommendations for the use of shielding

■ Before hiring a shielding company, make sure you have all documents and permits issued by the Brazilian Department of Defense.

■ It is important to audit the shielding procedure to make sure all areas of the car are protected. At the end of the service, it is essential to check for any noises and problems in the operation of all electronic equipment such as the movement of windows, rear-view mirror adjustment etc. In addition, it is necessary to monitor and evaluate possible areas of water infiltration.

■ Finally, the user must receive an evasive and defensive driving training course to adapt their way of driving to social conditions of urban violence. By doing so, one will be able to enhance shielding protection features.

Para blindar o carro

Para blindar um carro, é necessária uma autorização do Exército. Para isso, não basta que a empresa blindadora tenha o Certificado de Registro no Exército. Além disso, a empresa precisa ter alvará da Polícia Civil, o DPC (Divisão de Produtos Controlados), e uma autorização específica para cada veículo a ser blindado. Esse requerimento deve ser feito em formulário próprio e enviado à Região Militar (RM) em que a blindadora está registrada. Esse procedimento visa evitar que carros blindados sejam utilizados por pessoas não idôneas. Para a pessoa física blindar um carro, é necessário apresentar RG, CPF, comprovante de residência, CRLV (Certificado de Registro e Licenciamento de Veículo), certidões negativas criminais da Justiça Federal, Estadual e Militar dos últimos cinco anos, e Atestado de Antecedentes Criminais, emitido pela Polícia Civil do Estado. Se o carro for de empresa, também será preciso apresentar CNPJ e Certidão de Antecedentes dos distribuidores da Justiça Federal, Estadual e Militar de cada um dos sócios administradores ou gerentes, das Comarcas onde tenham sido domiciliados nos últimos cinco anos.

Shielding a car

One must be granted a special permit by the Army in order to shield cars. However, it is not enough for a shielding company to have a certificate of registration with the Army. In addition to the permit, the company must have clearance issued by the Civil Police, DPC (Controlled Products Division), and a specific permit for each vehicle to be shielded. The application for such permit must be lodged via the proper form and sent to the Regional Military Office (R.M.) where the shielding company is registered in. This procedure is aimed at keeping armored cars from being used by legally unfit individuals. Any person willing to shield a car must present an ID, CPF (Brazilian equivalent of the Social Security Number), proof of address, Vehicle Registration Certificate (CRLV), Federal, State and Military Courts criminal background check for the last five years and a criminal background check issued by the State Police. In case of a company car, one will also have to present the company's corporate taxpayer ID number and Federal, State and Military Court Distribution Register background check for each of the partners or managers from the counties where they have resided for the last five years.

7. Comportamento seguro

7. Safe behavior

Com certeza você já deve ter visto, ouvido falar ou, infelizmente, presenciado problemas de segurança em residências ou em seus deslocamentos veiculares ou a pé. Os riscos mais comuns estão relacionados aos furtos e roubos, extorsões e estelionatos (segundo definição do Código Penal: obter, para si ou para outro, vantagem ilícita, em prejuízo alheio, induzindo ou mantendo alguém em erro, mediante artifício, ardil ou qualquer outro meio fraudulento). Por isso, é importante a prevenção. Mudanças de comportamento e hábitos comuns incorporados à rotina como parte natural das tarefas diárias diminuirão sensivelmente os riscos de contato com criminosos.

You must have certainly seen, heard or, unfortunately, experienced security problems at home or during a commute or walk around town. The most common risks are related to thefts and robberies, extortion and larceny (as provided for in the Brazilian Penal Code: obtaining unlawful advantage for oneself or for a third party, to the detriment of others, inducing or keeping someone in error through artifice, ruse or any other fraudulent means). Therefore, prevention is important. Turning behavioral changes and common habits into one's natural routine as part of one's daily duties will significantly decrease the risk of getting in contact with criminals.

7.1 Cuidados em casa

7.1 Security measures at home

Antes de expor as atitudes que devem ser tomadas no dia a dia, é importante falar sobre a estrutura do local onde você vive. Muitos dispositivos oferecidos no mercado são apresentados como 100% eficazes contra o crime. São exemplos as câmeras de seguranças e cercas elétricas. Sem dúvida, a incorporação da tecnologia para prevenir furtos e roubos ajuda a dificultar a vida do criminoso. Entretanto, detalhes da configuração geral da casa podem ser igualmente eficientes contra o ataque dos bandidos. Qual é a altura dos muros da sua casa? Em termos de segurança, o ideal é que tenham pelo menos 2,40 metros de altura em toda a sua extensão e não possuam objetos que facilitem a transposição de fora para dentro, como escadas, árvores, bancos e o próprio muro do vizinho. As janelas devem ter grades chumbadas (fixadas com grampos de ferro nas paredes) e o mesmo vale para os nichos de ar-condicionado. Como é a entrada de sua garagem? Portões automatizados evitam o desembarque do carro e a exposição na rua durante a entrada e a saída. Caso tenha um cão de guarda, vale investir no adestramento.

Before introducing the actions to be taken on a daily basis, it is important to talk about the structure of the place where you live. Many devices sold in the market are presented as 100% effective against crime. Security cameras and electric fences are examples of such devices. Without a doubt, the incorporation of technology to prevent thefts and robberies helps making a criminal's life harder. However, details regarding the overall configuration of the house can be equally efficient against criminals' plans. How high are the fences around your house? In terms of security, they should ideally stand at 2.40 meters high all along the perimeter and should not contain structures which facilitate access from the outside, such as stairs, trees, benches or the neighbor's fence. Windows should have iron bars (fixed to the wall via iron brackets) and the same goes for air conditioner slots. What kind of gate do you have in your parking area? Automated gates prevent getting off the car and the subsequent exposure on the street during arrival and departure. If you have a dog, it's worth investing in training.

Faça um checklist da sua casa

■ Os muros externos devem ter, pelo menos, 2,4 metros de altura.
■ Os muros externos devem estar livres. Estruturas que sirvam de escada, próximas à divisa dos terrenos, devem ser eliminadas.
■ Janelas e instalação de ar-condicionado devem ter grades chumbadas na alvenaria.
■ O portão da garagem deve ser preferencialmente automático.
■ Cães de guarda devem ser adestrados.

Do a checklist of your home

■ Perimeter fences should be at least 2.4 meters high.
■ They must stand clear from other objects. Structures which may serve as stairs near the perimeter of the property should be removed.
■ Windows and air conditioner slots shall have bars firmly fixed to the walls.
■ Preferably, gates to parkin areas should be automated.
■ Guard dogs must be trained.

7.2 Cuidados no apartamento

7.2 Security measures at apartments

Diferentemente das casas, a estrutura dos prédios costuma ser projetada para maior segurança dos moradores. Muros, alarmes e cercas, entre outros itens, já estão incorporados no projeto original do empreendimento. Mas isso não descarta os riscos para os moradores, uma vez que os ladrões já têm técnicas específicas de abordagens para esse tipo de residência. Antes de entrar em seu condomínio, fique atento quanto a atitudes suspeitas do lado externo e verifique se o porteiro é o mesmo que você conhece. Se desconfiar de alguma coisa, não entre. Chame a polícia (190). Quando fizer encomendas, vá até a portaria para retirá-las, não as receba em

Unlike homes, building structures are usually designed for greater security for residents. Walls, fences and alarms, among other items, are already incorporated into the original design of the project. But that does not rule out the risks to residents since thieves have specific techniques for approaching this type of dwelling. Before going into your residential building, pay attention to suspicious behavior outside and make sure you recognize the gatekeeper. If you suspect something, do not enter the property. Call the police (190). When making orders, go to the reception to collect them. Don't allow delivery staff into your apartment. What

DESCONFIE DE LIGAÇÕES TELEFÔNICAS
BE WARY OF PHONE CALLS
PORTÕES AUTOMÁTICOS
AUTOMATED GATES
MUROS EXTERNO
devem estar livre
de objetos qu
sirvam de escada
FENCES must stan
clear from othe
objects that may b
used to climb

RECEBA ENCOMENDAS NA PORTARIA.
RECEIVE DELIVERIES AT THE LOBBY.
JANELAS e instalação de ar-condicionado devem ter grades chumbadas na alvenaria.
WINDOWS and air conditioner slots shall have bars firmly fixed to the walls.
CÃO ADESTRADO
TRAINED DOG

seu apartamento. E se o porteiro interfonar e solicitar sua presença na portaria ou no estacionamento sob uma alegação qualquer? Suspeite sempre. Pergunte o que aconteceu e investigue mais sobre o assunto ao interfone. Ele pode estar rendido e, por ordem dos bandidos, ligando para os condôminos. Por fim, participe das reuniões de condomínio e defenda os interesses de segurança.

if the gatekeeper buzzes you in requesting your presence at the lobby or parking area for whatever reason? Be suspicious at all times. Ask what has happened and investigate more about the matter on the intercom. He may have been subdued and forced by criminals to buzz tenants/unit owners in. Lastly, participate in building management meetings and fight for security issues.

Atenção máxima para quem mora em prédios

- Antes de entrar na garagem do prédio, verifique a existência de pessoas em atitudes suspeitas na área.
- Receba encomendas na portaria.
- Desconfie caso o porteiro solicite sua presença na guarita.
- Participe e estimule reuniões para discussão sobre assuntos de segurança.

Attention for those who live in buildings

- Before entering the parking area, check for people portraying suspicious behavior in the area.
- Receive deliveries at the lobby.
- Be wary in case the gatekeeper requests your presence at the lobby/reception.
- Participate and encourage meetings for the discussion of security issues.

7.3 Roubos em condomínios

7.3 Robberies at residential buildings

A sensação de segurança de quem mora num condomínio fechado é, sem dúvida, muito maior se comparada a dos moradores de casas convencionais, com acesso direto à rua. No entanto, os ataques aos condomínios, sejam eles horizontais (conhecidos como condomínios fechados) ou verticais, no caso dos prédios, são cada vez mais comuns. Exigem um plano bem articulado por parte dos criminosos para vencer as barreiras de acesso. No entanto, se essa entrada às dependências do condomínio for mais difícil graças aos sistemas de segurança adotados pela grande maioria deles, essa estrutura de residências apresenta grande atrativo aos criminosos. Uma vez ultrapassada a barreira de acesso, as quadrilhas têm grande facilidade para roubar muitas casas de uma só vez.

A explicação para esse tipo de roubo remete ao passado, às décadas de 1980 e 1990, quando já eram frequentes os assaltos à residências comuns. Nessa época, surgiu a ideia de que habitar prédios era mais seguro do que morar em casas com acesso à rua. O urbanismo atribui o adensamento populacional a diversas causas, e o coeficiente de aproveitamento dos lotes — número de andares que ocupam uma mesma área de projeção no solo — tem sido cada vez maior ao longo dos anos.

The feeling of security experienced by those who live in gated communities is undoubtedly much higher if compared to the residents of conventional houses which have direct access to the street. However, attacks on residential buildings, be it horizontal (known as gated communities) or vertical (buildings) ones, are increasingly common. They require an articulate plan by criminals so as to overcome access barriers. However, if such access to the premises of a residential building is more difficult thanks to security systems adopted by most of such buildings, this type of housing arrangement poses a great attraction for criminals. Once access is secured, it is quite easy for criminals to rob many homes at once.

The explanation for this type of theft refers to the past, more specifically to the 80s and 90s, when robberies to regular homes were quite common. That's when the idea that living in buildings is safer than living in homes with access to the street first came into being. Urbanism correlates population density to several causes and the ratio for land occupation — number of floors built in one single area of land — has been on the rise over the years. However, there is little evidence as to violence being one of the main causes for people

No entanto, pouco se associa a violência como uma das principais causas da migração das pessoas de residências únicas aos grandes condomínios. De forma análoga aos caixas eletrônicos, em que a corrida por novas tecnologias e dispositivos antifurto tem investimento pesado dos próprios bancos, a vulnerabilidade das residências independe de sua natureza. Criminosos sempre buscam novas estratégias para ultrapassar e driblar barreiras de segurança, seja numa cerca elétrica de uma casa comum, seja na eclusa de portões de um condomínio de luxo.

Paralelamente ao fenômeno da verticalização e adensamento, aliada ao enriquecimento da população e tendências de conforto, está a mudança do uso dos espaços da casa. Um processo de sofisticação dos ambientes com o objetivo de diminuir deslocamentos tem sido verificado nas moradias de maneira geral. Troca-se o cinema por um *home-theater*, o escritório por *home-office*, o restaurante por uma churrasqueira em casa. Observe a quantidade de lojas especializadas em materiais e equipamentos de descanso, diversão e até trabalho em casa. A ideia de diminuir os riscos, principalmente nos deslocamentos, estimula e fixa uma mensagem subliminar do tipo: fique em casa e não corra riscos. Não obstante aos móveis e aparelhos eletrônicos estão os serviços implementados nos últimos anos. Entregas rápidas de refeições em casa, entretenimento via TV a cabo ou internet e até canais exclusivos com partidas de futebol não veiculadas pela TV aberta são alguns dos grandes incentivadores à permanência maior em casa. Trata-se de um efeito colateral da violência urbana e do descaso das autoridades em tratar a segurança por meio de um projeto que alcance as causas estruturais, que seja consistente e que produza efeitos duradouros.

O problema conjuntural da violência urbana e insegurança pública que se faz presente no país como um todo

to move from regular homes to large residential buildings. Similar to the ATMs issue - in which the race for new technologies and theft-proof devices has brought about heavy investment by banks themselves - the vulnerability of households has no connection with its nature. Criminals always search for new strategies to bypass and circumvent security barriers, be it an electric fence at a regular home or the double-gate structure of a luxury residential building.

The change in the utilization of spaces around the house runs in parallel with the phenomenon of verticalization and population concentration and is coupled with the population's growth in health and current trends of comfort. A process of enhancement of living quarters, with the goal of reducing commutes, has been verified at homes in general. Movie theaters have been replaced by home-theaters, offices by home-offices and restaurants by grills at home. One can notice the amount of shops specializing in materials and equipment for relaxation, fun and even work from home devices. The idea of reducing risks, mainly those related to the commute, stimulates and sends out a subliminal message: stay home and do not take any risks. Furniture and electronic appliances notwithstanding, services have picked up in recent years. Fast delivery of meals, entertainment via cable TV or internet and even exclusive channels with football matches not aired by public TV are some of the main drivers for spending more time at home. This is a side effect of urban violence and disregard by authorities in dealing with security by means of a project geared towards the structural causes of the issue in a consistent manner, paving the way for lasting results.

The cyclical problem of urban violence and public insecurity in the country as a whole and particularly in major capitals can only be minimized and controlled

e em particular nas grandes capitais só poderá efetivamente ser minimizado e será controlado quando as questões estruturais forem de direito e de fato devidamente analisadas na amplitude que em verdade merecem. O artigo 144 da Constituição Federal faz um resumo das atribuições de cada um dos órgãos responsáveis pela segurança pública e dá o caminho para detalhar o funcionamento deles por meio do parágrafo 7º, estabelecendo que leis deverão disciplinar a organização e o funcionamento desses órgãos de modo a garantir a eficiência de suas atividades.

Dois aspectos fundamentais podem ser extraídos da legislação: a importância da participação da sociedade na questão da segurança e a visão sistêmica do legislador ao elencar os diversos órgãos responsáveis pela segurança pública. Todavia, a raiz da maior parte de todos os problemas estruturais, que constitui o vetor principal para a situação vivida atualmente no Brasil, é justamente o descumprimento da lei pela omissão do Poder Legislativo, que até hoje não criou essas leis.

Assim sendo, deve-se enxergar a segurança pública como um sistema que proporcione a convivência harmônica entre as pessoas. Só uma visão sistêmica proporcionará a melhor integração dos órgãos responsáveis, a cooperação, o uso racional e a economia de recursos, evitando a perda de energia que ocorre quando a independência assume o lugar da interdependência.

Já se apela para que a segurança privada também possa colaborar, ainda que de forma lateral, residual, mas muito mais ativamente com os setores públicos. Afinal, as empresas de vigilância privada possuem um grande contingente espalhado pelo Brasil. São profissionais com alguma qualificação, controlados pela Polícia Federal e que podem, no exercício de suas variadas funções, contribuir como elementos de informação aos órgãos oficiais e, em alguns casos, substituir esses órgãos principalmente

effectively when structural issues are properly and effectively reviewed in the breadth they really command. Paragraph 144 of the Federal Constitution introduces a summary of the duties assigned to each of the bodies responsible for public security, establishing a path for specifying details about their operations under the provisions of paragraph 7, which establishes the laws to govern the organization and functioning of such bodies in order to secure their operational efficiency.

Two fundamental aspects can be understood from the legislation: the importance of the society's engagement in security issues and the systemic view legislators shall have when listing the various bodies responsible for public security. However, the root of most of the structural problems, which is the main driver for the current situation in Brazil, is precisely the violation of law due to the omission by a Legislative branch which hasn't passed the appropriate laws to begin with.

Therefore, one should view public security as a system which provides for people's harmonious coexistence. Only a systemic view will provide a better integration among responsible bodies, cooperation, rational use and economies in resources, thus avoiding energy losses that occur when independence takes over interdependence.

There are calls for the private security sector to collaborate with public sectors yet in a support and residual position, but one which is much more active. After all, private surveillance companies have a huge staff spread all over Brazil. These are professionals with a certain level of qualification who are subjected to oversight by the Federal Police and who may contribute as sources of information to governmental agencies in the exercise of their various duties. They may replace such bodies in some cases, mainly in private and internal events such as soccer matches, con-

nos eventos privados e internos, como é o caso dos campos de futebol, shows e grandes eventos.

Diante disso, é preciso aceitar que a segurança privada de alguma forma já contribui efetivamente tanto em apoio às atividades preventivas da polícia — e isso ocorre quando a presença da vigilância desestimula as práticas criminosas — como também contribui nas atividades de polícia judiciária, na investigação dos delitos, quando muitas vezes os sistemas de segurança eletrônica, controles de acesso, monitoramento de imagens e outras estruturas de segurança pertencentes às instalações privadas auxiliam na elucidação de materialidade e autoria dos delitos ocorridos.

Os gestores de segurança privada devem atuar com foco na proteção mais elaborada dos perímetros das instalações, nos controles de acesso, na orientação e conscientização dos funcionários e visitantes quanto às normas de segurança existentes, inclusive nos comportamentos e adoção das melhores práticas de segurança que devem ser previstas e planejadas antecipadamente por ocasião da ocorrência de crises que possam afetar a segurança pública e gerar consequências ao setor privado.

A sociedade não tolera mais esse jogo de empurra-empurra que se traduz numa equação cuja soma é zero. Além disso, não podemos, como analistas, estudiosos e autoridades responsáveis, mas antes de tudo cidadãos e cidadãs que somos, continuar como meros espectadores desse movimento pendular em que pouco se faz antes que a crise se instale, e, quando, por esse imobilismo, a crise se instala, a força legítima do Estado é confundida com excessos e violência, e assim o Estado deixa de agir naquilo que é o seu verdadeiro papel: proteger a sociedade sem desrespeitar os direitos e garantias individuais de todas as pessoas, inclusive dos suspeitos e dos transgressores da lei.

A força é um atributo compatível com a ação do Esta-

certs and major events.

Given that scenario, one must accept that the private security sector already contributes effectively in a way to the support of preventive activities by the police, and that occurs when the presence of surveillance teams discourages criminal practices. In addition, it often cooperates in the activities by the judicial police in the investigation of offenses when electronic security systems, access controls, image surveillance and other security structures belonging to private facilities assist in the clarification of materiality and responsibility for crimes which have occurred.

Private security administrators must act by placing their focus on more elaborate aspects of perimeter security, access controls, guidance and awareness by employees and visitors with regard to current security standards, including behaviors and adoption of security best practices that should be contemplated and planned prior to the establishment of crisis which may have an impact on public security and generate consequences to the private sector.

The society does not tolerate the blaming game which translates in an equation which adds to zero. Besides, as analysts, scholars, responsible authorities and, most of all, citizens, we cannot remain as spectators in this pendulum motion in which little is done prior to crisis, and when crisis is established as a result of such inertia, the legitimate force of the State is mistaken by excessive use of force and violence. As such, the State fails to act in what its true role is: protecting society without disrespecting individual rights and guarantees of all people, including those of suspects and offenders.

Force is an attribute consistent with the actions of the State, whereas violence and excessive use of force are not. When the State does not act on the balanced use of force as provided for by law, it acts as a criminal

do, a violência e o excesso não. Quando o Estado não atua no justo equilíbrio do uso da força de acordo com a lei, ele age como o bandido se igualando a ele e submetendo a sociedade a um risco ainda maior, e isso verdadeiramente não é o melhor caminho a ser seguido.

Nesse contexto, a suposta segurança oferecida pelos condomínios, sob o ponto de vista do criminoso e do resultado de sua ação, não corresponde à realidade. Ou seja, é muito mais lucrativo para o bandido organizar um roubo ou furto a um prédio (que é composto por diversos apartamentos) do que a uma única casa. Na prática, o risco é quase o mesmo, mas a possibilidade de ganhos é muito maior. Daí o motivo pelo qual essa modalidade de crime tem surpreendido a sociedade e chamado atenção das autoridades e condôminos para a busca de métodos preventivos. A estrutura de proteção necessária compreende a presença de um sistema de proteção composto dos seguintes três elementos: pessoal bem treinado, equipamentos de segurança adequados e procedimentos bem definidos. O êxito de qualquer sistema de proteção de um condomínio depende da articulação dessa estrutura.

Estão entre as principais causas da falha dos sistemas de segurança em condomínios a falta de treinamento de segurança para porteiros e funcionários e a ausência de procedimentos para normatizar as rotinas diárias e registrar situações extraordinárias. Investir apenas em estruturas físicas e eletrônicas de segurança é um dos erros estratégicos mais comuns.

when it behaves like one by subjecting society to an even greater risk, and that really is not the best path to go down.

In this context and from the point of view of perpetrators and the result of their actions, the security supposedly offered by residential buildings does not correspond to reality. In other words, it is much more profitable for a criminal to plan a robbery or burglary involving a building (which is made up of several apartments) than breaking into a single home. In practice, the risk is almost the same but the possibility of earnings is much higher. That's why this kind of crime has caught society by surprise while drawing the attention of the authorities and owners/tenants in the search for preventive methods. The protection structure required includes the presence of a protection system consisting of the following three elements: well-trained personnel, adequate security equipment and well-defined procedures. The success of any protection system at residential buildings rests on how articulate such a system is.

Among the main causes for failure of security systems at residential buildings are the lack of security training for gatekeepers and staff and the absence of procedures for standardizing daily routines and recording unusual events. Investing exclusively in infrastructure and electronic security devices is one of the most common strategic errors.

7.4 Comportamento seguro nas rotinas diárias

7.4 Safe behavior in daily routines

Não importa se você mora em casa ou apartamento. Educar-se para a própria segurança deve fazer parte da sua rotina. Muitas vezes estamos acostumados a fazer tudo sempre do mesmo jeito e, por isso, nem percebemos os riscos que nós mesmos nos colocamos. Incorpore esses hábitos à vida da sua família aos poucos. Com o passar do tempo, essas atitudes serão automáticas.

■ É sempre bom conhecer os vizinhos mais próximos. Tenha anotados os números de telefone dos que moram no mesmo andar ou nas casas que fazem divisa com a sua.

■ Mantenha as portas de acesso sempre trancadas (mesmo em apartamentos!) Reforce trincos e fechaduras e instale fechaduras alternativas nas portas (chave quádrupla).

■ Instale um olho mágico para visualização externa e utilize sempre o interfone.

■ Há quanto tempo você não troca o segredos das chaves? Alguém teve acesso a elas? Pense nisso!

■ Cuidado com encomendas e serviços. Antes de abrir a porta ou liberar a entrada de alguém na portaria, certifique-se de que solicitou o que está sendo entregue.

■ Tenha um identificador de chamadas em sua linha

It doesn't matter if you live in a house or an apartment. Educating ourselves toward our own security should be part of our routine. Quite often, we are accustomed to doing everything the same way and, as such, we don't even realize the risks we put ourselves through. Incorporate these habits into your family's life gradually. Over time they will become second nature.

■ It's always good to know your next-door neighbors. Keep a list with telephone numbers of same-floor neighbors or homes that form an immediate boundary with yours.

■ Always keep doors locked (even in apartments!). Strengthen latches and locks and install alternative locks on doors (quadruple key).

Install a peephole to enable external viewing and always use the intercom.

■ How long has it been since you last changed the locks on your doors? Has anyone had access to the keys? Think about it!

■ Be careful when it comes to deliveries and services. Before opening the door or granting someone access at the gate, make sure you have requested what is being delivered.

■ Enable caller ID on your phone. Potential threats

telefônica. Eventuais ameaças podem ser identificadas e investigadas logo no início.

■ Solicite à sua operadora de telefonia que retire da lista pública (disponível na internet) suas informações, como nome e endereço do assinante.

■ Solicite ao seu banco que cancele o envio de extratos bancários em sua residência. Acesse apenas pela internet.

■ Ao receber talões de cheque, cruze todas as folhas antes de qualquer outro procedimento (caso alguém leve seu talão, será obrigado a depositar os cheques em alguma conta e a polícia terá condições de rastrear o criminoso).

■ Tome cuidado com telefonemas estranhos, como o anúncio do sequestro de um familiar. Desligue imediatamente e entre em contato com a pessoa com a qual o criminoso diz estar em poder. Não realize depósitos, aquisições de cartões telefônicos e nem leve dinheiro a nenhum local que ele determine.

■ Verifique (ou questione na reunião de condomínio) periodicamente se a gravação das câmeras de segurança está funcionando corretamente.

can be identified and investigated early on.

■ Ask your telephone carrier to remove your personal data, such as name and address, from the public telephone book (available on the internet).

■ Ask your bank to stop sending bank statements to your home address. Try and access this type of data over the internet.

■ When receiving checkbooks, cross all the leaves immediately (if people take your checkbook away, they will be required to deposit the checks into an account and the police will be able to track the criminal).

■ Be wary of unexpected phone calls such as those announcing the kidnapping of a family member. Hang up immediately and contact the person the perpetrator claims to have kidnapped. Do not carry out deposits, purchase mobile phone credit or take money anywhere you are told to.

■ Check (or inquire at the building management meeting) periodically whether security cameras are recording video properly.

Dificulte a vida do criminoso

Algumas pessoas se transformam em potenciais vítimas devido a atitudes impensadas, como:

■ Fornecer informações financeiras da família a amigos, parentes, colaboradores domésticos e até mesmo desconhecidos.

■ Acessar redes de relacionamento pela internet e oferecer dados particulares, como características da família, telefone, endereço, patrimônio e fotografias.

■ Facilitar o acesso de estranhos à residência (abrir a porta ou liberar o acesso sem a devida identificação do entregador ou visitante).

Make the criminal's life harder

Some people turn into potential victims due to their thoughtless behavior, such as

■ Providing financial information about their family to friends, relatives, household employees and even strangers.

■ Accessing relationship networks over the internet and offering private data such as family features, phone numbers, addresses, property data and photos.

■ Facilitating the access of strangers to the household (opening the door or granting access without proper identification of the delivery person or visitor).

Checklist de segurança em casa

■ Instale identificador de chamadas telefônicas.
■ Instale obstáculos de transposição sobre os muros (arame farpado, cacos de vidro, lanças de metal etc.).
■ Instale iluminação ofensiva (o foco de luz forte na direção de invasores).
■ Utilize chaves quádruplas nas portas de acesso do ambiente externo.
■ Utilize olho mágico nas portas de acesso do ambiente externo quando não houver outras possibilidades de visualização.
■ Se possível, instale sensores de alarme integrados a sirenes na área perimetral da residência.
■ Se possível, instale câmeras de circuito interno de televisão nas áreas perimetrais.
■ Instale grades nas janelas, internamente e chumbadas na parede (não utilizar parafusos).

Home security checklist

■ Install caller ID devices.
■ Install obstacles over walls and fences (barbed wire, broken glass, metal spikes, etc.)
■ Install offensive lighting (strong lights directed towards intruders).
■ Install quadruple keys to doors providing external access.
■ Install peepholes to doors providing external access when there is no other alternative.
■ If possible, install alarm sensors linked to sirens to perimeter fences around the house.
■ If possible, install CCTV cameras around the perimeter of the house.
■ Install fixed iron bars to the windows from the inside (use brackets, not screws).

7.5 Como orientar empregados

7.5 How to instruct staff

Alguns crimes acontecem dentro de casa e condomínios pela ação direta de funcionários ou a facilitação de acesso de criminosos. Para prevenir a presença de bandidos dentro da própria casa, é necessário cercar-se de uma série de atitudes que começam pelos critérios na hora da contratação desses profissionais.

Some crimes happen inside homes and residential buildings as a result of direct action by staff members or by their facilitating the access of criminals. In order to prevent the presence of criminals inside the house, you must trigger a series of practices which start by the recruitment criteria when hiring such professionals.

7.5.1 Cuidados durante a contratação de um empregado

7.5.1 Attention should be paid to hiring staff members

- Peça todos os documentos originais e verifique se há sinais de adulteração ou troca de fotografia. Rejeite cópias, mesmo autenticadas.
- Exija um atestado de antecedentes criminais recente.
- Peça o nome, endereço e telefone dos últimos patrões do candidato ao cargo. Entre em contato com pelo menos dois deles e pergunte informações gerais sobre o ex-funcionário e os motivos de saída do emprego.
- Peça um comprovante de endereço, bem como números de telefones de contato de familiares para eventual necessidade.
- Durante a entrevista, peça informações sobre a organização familiar do candidato, hábitos e comportamento geral e anote num papel. Num segundo encontro, escolha algumas informações registradas durante a entrevista e pergunte novamente ao futuro funcionário. Compare as respostas para verificar se há coerência nas informações.
- Tire cópias de todos os documentos e solicite uma foto recente do funcionário recém contratado. Mantenha tudo bem arquivado.

- Request all the original documents and check for signs of tampering or swapped pictures. Reject copies, even certified ones.
- Request a recent background check certificate.
- Request the name, address and telephone number of the applicant's previous employers. Contact at least two of them and ask general information about the former employee and the reasons for contract termination.
- Request proof of address, as well as contact phone numbers of relatives in case of need.
- During the interview, ask about the applicant's family structure, habits and general behavior and write answers down on a piece of paper. At a second meeting, choose some of the information recorded during the first interview and ask the candidate once again. Compare answers to make sure information is consistent.
- Collect copies of all documents and request a recent photo of the candidate. Keep all documents filed away

7.5.2 Para evitar problemas no dia a dia

7.5.2 Tips to avoid problems in daily activities

■ Fique atento aos itens da dispensa e controle com rigor as compras em supermercado.

■ Controle a quantidade de perfumes, sabonetes e itens de beleza guardados no quarto ou nos banheiros. O mesmo vale para roupas, bolsas e calçados.

■ Evite deixar notas fiscais ou boletos de pagamento soltos pela casa. Suspenda a entrega de correspondências do banco diretamente na residência. Prefira checá-las pela internet.

■ Proíba visitas de conhecidos do empregado quando este estiver sozinho em casa.

■ Pay attention to items in the pantry and monitor grocery shopping closely.

■ Monitor the amount of perfume, soap and beauty items stored in the bedrooms or bathrooms. The same goes for clothes, purses and shoes.

■ Avoid leaving invoices or payment slips around the house. Cancel bank mailing to your home address. Give preference to checking banking data over the internet.

■ Forbid visits by staff's family members when he/she is left alone in the house.

7.5.3 Orientações para porteiros

7.5.3 Guidelines for gatekeepers

Porteiros de casas ou condomínios devem necessariamente passar por um treinamento específico sobre segurança. No entanto, algumas orientações podem ser dadas pelo próprio empregador ou, no caso de prédios, pelo síndico ou zelador:

■ Não aceite guardar chaves dos apartamentos ou automóveis dos moradores.

■ Não comente com os demais funcionários sobre hábitos ou informações pessoais dos moradores, principalmente horários de entrada e saída.

■ Visitantes, depois de identificados, devem entrar apenas mediante autorização do apartamento que o receberá. Mantenha o portão fechado até obter a resposta do proprietário do apartamento.

■ Antes de abrir o portão da garagem, verifique se há carros ou pessoas em atitude suspeita nas proximidades. Jamais autorize a entrada de dois veículos de uma só vez.

■ Prestadores de serviço devem ser identificados e ter a entrada registrada mediante apresentação de documento original com foto. Deve-se anotar o horário de entrada e saída de cada um deles.

■ Não autorizar a subida de entregadores nas unidades. Deve-se solicitar que o morador desça à portaria para receber itens de *delivery*.

■ Desconfie de atitudes suspeitas, principalmente de pessoas bem-vestidas.

Gatekeepers at homes or residential buildings must go through specific training about security. However, some instructions can be provided by their very employers or, in the case of buildings, by the superintendent or caretaker:

■ Do not become responsible for watching over keys to neighbors' homes or cars.

■ Don't talk to other staff about habits or personal information of other dwellers, mainly regarding their schedules for leaving/returning home.

■ Once properly identified, visitors must enter only with the permission of the apartment they are about to visit. Keep the gate closed until a reply is provided by the apartment dweller.

■ Check for cars or people displaying a suspicious behavior in the vicinity before opening the gate to the parking area. Never grant access to two vehicles at the same time.

■ Service providers must be identified and access must be recorded upon presentation of photo ID. Entrance and exit times must be recorded for each service provider.

■ Do not grant delivery men access to residential units/apartments. Owners/tenants must be requested to come to the reception in order to collect delivered items.

■ Be wary of suspicious behavior, particularly by well-dressed people.

7.5.4 Orientações para empregadas domésticas e babás

7.5.4 Guidelines for maids and nannies

A proximidade das empregadas domésticas e babás com os patrões e a participação nas rotinas da casa geram um clima de intimidade que pode trazer sérios danos aos empregadores. Isso não significa que o ambiente da casa deve ser hostil e pouco acolhedor. Afinal, essas profissionais cuidam dos afazeres domésticos, alimentação e até cuidado com seus filhos. No entanto, é fundamental que entendam que estão ali para desenvolver uma atividade profissional, como outra qualquer. Por isso, é fundamental manter a noção de hierarquia, respeito e cordialidade entre empregado e empregador. Oportunistas se aproveitam da confiança adquirida com o tempo para agir. Observe atitudes suspeitas e esteja sempre alerta. E lembre-se: elogios ao trabalho e orientações de correção estimulam o funcionário e são normais em qualquer tipo de atividade profissional. Saiba como orientá-las com relação à segurança da casa e dos filhos:

■ Jamais atenda a campainha sem identificar o visitante.

■ Evite lavar o quintal ou fazer faxina externa com os portões abertos.

■ Não exponha a intimidade e a rotina dos patrões a estranhos.

■ Evite passear com o cachorro depois de escurecer.

The closeness between maids/nannies and their employers and their participation in daily domestic chores generate an atmosphere of intimacy which can cause serious damage to employers. That does not mean the environment should be hostile and unwelcoming. After all, these professionals are entrusted with household chores, feeding and even care for the kids. However, it is essential to understand they are there to provide a professional service just like any other staff would. Therefore, it is essential to maintain a notion of hierarchy, respect and courtesy between staff and employer. Opportunists take advantage of the confidence gained over time to make their move. Watch out for suspicious behavior and be alert at all times. And remember: praise for a good job and corrective guidelines stimulate employees and are commonplace in any kind of professional activity. Learn how to instruct staff with respect to security of both the home and children:

■ Never open the door without identifying the visitor.

■ Avoid keeping gates open while washing the yard or cleaning outdoor areas.

■ Do not expose the intimacy and the routine of your employers to strangers.

■ Avoid walking the dog after dark.

■ Ao buscar as crianças na escola, atenha-se ao trajeto casa-escola-casa. Não faça desvio e recuse pedidos das crianças que fujam ao programado.

■ Fique atenta ao movimento de pessoas estranhas ao colocar o lixo para fora.

■ Ao entrar e sair de casa, verifique se as fechaduras foram bem trancadas.

■ Guarde a chave de casa sempre no mesmo lugar. Durante a folga, peça que deixe a cópia no trabalho. Em caso de perda ou sumiço da chave, comunique imediatamente o patrão.

■ Jamais diga a um estranho (pessoalmente ou por telefone) que está sozinha em casa.

■ Muito cuidado ao atender ao telefone, desconfie sempre e não dê informações sobre algo da família. Peça um número de contato e diga que dará o recado.

■ When picking kids up at school, stick to the home-school-home route. Don't make any detours and refuse out-of-the-ordinary requests by the kids.

■ Watch out for the movement of strangers when taking the garbage out.

■ Check whether locks have been bolted properly upon entering and leaving the house.

■ Keep house keys always at the same place. On your staff's day off, ask him/her to leave their copy of the keys at work. In case keys are lost or disappear, please report it immediately to your employer.

■ Never tell a stranger (in person or by phone) you are home alone.

■ Be mindful when answering the phone, always be wary and do not provide information about family details. Ask for a call back number and say you will relay the message.

7.6 Como agir ao entrar e sair da garagem

7.6 How to behave when entering and leaving residential buildings through parking gates

A entrada e saída da garagem são, geralmente, os momentos de maior vulnerabilidade da segurança da casa. É justamente durante a abertura e fechamento do portão que muitas quadrilhas costumam atacar. Por isso, atenção é fundamental ao aproximar-se do portão de casa. Antes de sair ou entrar na garagem, observe se há pessoas em atitude suspeita nas redondezas. Caso esteja se aproximando de casa e note algo estranho, dê uma volta no quarteirão. Se ainda assim o movimento continuar, ligue para a polícia. Mantenha consigo o telefone do zelador, da portaria e do síndico.

Entering and leaving parking areas are usually the moments of highest vulnerability in residential security. It is precisely during the opening and closing of the gate that many gangs usually strike. As such, attention is crucial when approaching the gates to the parking area. Before leaving or entering the parking area, watch for suspicious behavior by anyone in the vicinity. If you are approaching your home and notice something weird, drive around the block. If the unusual activity hasn't ceased, call the police. Keep the janitor, superintendent and gatekeeper's phone numbers handy.

ANTES DE ENTRAR na garagem, verifique se há pessoas suspeitas na área.
BEFORE ENTERING THE PARKING AREA, check for people of suspicious behavior.
RECEBA ENCOMENDAS NA PORTARIA.
RECEIVE DELIVERIES AT THE LOBBY.
MUROS EXTERNOS devem ter, pelo menos, 2,4 metros de altura.
PERIMETER FENCES should be at least 2.4 meters high.

NHA UM
ENTIFICADOR DE
HAMADAS EM SUA
NHA TELEFÔNICA.
ABLE CALLER ID
N YOUR PHONE.
EVITE PASSEAR COM O CACHORRO DEPOIS DE ESCURECER. AVOID WALKING THE DOG AFTER DARK.
GUARDE AS CHAVES sempre no mesmo lugar. KEEP KEYS always at the same place.

Atitudes seguras para acessar a garagem do condomínio

- Ao aproximar o carro do portão da garagem, mantenha portas e vidros fechados e travados.
- Observe se há alguém, a pé, próximo ao portão. Caso isso ocorra, não entre.
- Se houver outro carro para acessar a garagem, procure identificar se é um veículo conhecido (ou se leva o mesmo crachá de identificação do condomínio).
- Tenha gravado no celular o telefone da portaria do seu prédio. Caso perceba algum movimento estranho nas proximidades, comunique o porteiro.
- Mantenha consigo o telefone do zelador, da portaria e do síndico.

Safe behavior when approaching the parking area at residential buildings

- When approaching the gates, keep windows rolled all the way up and doors locked.
- Pay attention whether there is anyone wandering about near the gate. In case there is, do not drive in.
- If there is another car about to access the parking area, try and identify whether you know the vehicle (or whether it bears the standard badge employed by the residential building).
- Have the reception telephone number recorded on your cell phone. In case you notice any unusual activity nearby, please report it to the gatekeeper.
- Keep the janitor, superintendent and gatekeeper's phone numbers handy.

7.7 Como agir ao entrar e sair a pé

7.7 How to behave when entering and leaving residential buildings on foot

Passeios com o cachorro, idas à padaria ou uma simples caminhada devem ser feitos durante o dia ou em locais bem iluminados e movimentados. Evite saídas no escuro. Elimine ou pode as plantas próximas aos acessos da casa, principalmente ao redor da porta de entrada de pedestres. Elas podem servir de esconderijos para criminosos oportunistas. Seja rápido durante a entrada e saída e certifique-se de trancar bem o portão. Antes de sair de casa, observe o movimento nas calçadas. Caso identifique alguma atitude suspeita, suspenda a saída e acione o 190 que é o serviço de emergência da Polícia Militar.

Walking the dog, going to the bakery or a simple walk are activities which must be performed during the day or in well-lit and busy areas. Avoid going out when it's dark. Get rid of or neatly trim plants near access points, particularly around the pedestrian gate. They can be used as hiding spots for opportunistic criminals. Be swift on your way in or out and make sure the gate is properly locked behind you. Before leaving home, pay attention to the activity on the sidewalks. In case you spot any suspicious behavior, do not drive out and call 190 (police emergency number).

7.8 Embarque e desembarque seguro

7.8 Safe and unsafe loading and unloading of passengers

A maneira como você entra ou sai do carro também é fundamental para manter sua integridade. O embarque seguro consiste em perceber se não há ninguém em atitude suspeita nas imediações de seu veículo, já chegar perto do carro com as chaves na mão, entrar e rapidamente travar as portas, ligar o veículo e iniciar o deslocamento. O cinto de segurança você coloca simultaneamente na sequência. O desembarque seguro depende da observação de eventuais situações de risco nas proximidades do estacionamento. Saia imediatamente do veículo após estacioná-lo.

The way you get in or out of the car is also critical to preserving your integrity. A safe loading consists of understanding there is no one near your vehicle displaying a suspicious behavior, approaching the car with your keys at hand, loading the car quickly and locking the doors, starting the engine and beginning your commute. Seat-belts should be fastened as you drive. A safe unloading depends on the observation of possible risk situations in the vicinity of the parking area. Leave the vehicle immediately after having parked it.

Alguns erros comuns cometidos no carro

- Deixar as chaves de casa no carro estacionado (na rua ou no estacionamento).
- Parar nos semáforos com o vidro aberto.
- Deixar carteira, bolsa ou casaco à mostra sobre bancos ou console do carro.
- Esquecer de travar as portas antes de sair com o carro.

A few common mistakes made in the car

- Leaving house keys in the car while parked outside (on the street or at a parking lot).
- Stopping at the traffic lights with the windows rolled down.
- Leaving your wallet, purse or jacket on the seats or cockpit of the car.
- Forgetting to lock the doors before setting the

■ Consultar celular, tablet ou notebook dentro do carro, principalmente quando estiver parado no semáforo.

■ Ignorar a distância de segurança com relação ao carro da frente. Além de prevenir engavetamentos, o espaço entre carros permite manobra de fuga pelas laterais, em caso de ameaça de roubo.

■ Deixar a chave no contato ao abastecer ou buscar as crianças na escola.

car in motion.

■ Using your phone, tablet or notebook in the car, especially when you're stopped at a traffic light.

■ Ignoring the security distance from the car ahead of you. In addition to avoiding traffic jam areas, the space between cars provides for escape routes in case of theft.

■ Leaving the key in the ignition when refueling or picking the kids up at school.

Checklist de segurança no veículo

■ Instalar película redutora de visibilidade (popularmente conhecida como insulfilm), conforme legislação.

■ Instalar película antivandalismo, que impede a penetração por golpes com objetos ou a própria mão.

■ Manter as portas sempre travadas.

■ Manter os vidros sempre fechados.

■ Utilizar viva-voz no celular ou dispositivo *bluetooth* do sistema de som.

■ Retirar informações que possam identificar sua residência e locais de frequência de dentro do carro (escolas, academias etc.).

■ Instalar um dispositivo de abertura do porta--malas pela área interna (tenha também em seu porta-malas uma pequena lanterna).

■ Se possível, instale blindagem em seu veículo (procurar sempre uma empresa idônea, indicada por um especialista).

Vehicle security checklist

■ Install visibility-reducing films (popularly known as insulfilm) within the parameters established in the legislation.

■ Install vandal-resistant film, which prevents penetration by blows using one's hands or objects.

■ Always keep doors locked.

■ Always keep windows rolled up.

■ Using the speakerphone feature on your mobile or your car's sound system Bluetooth capabilities.

■ Remove information that may identify your address and frequently-visited locations from the car (schools, gyms, etc.).

■ Install a device for opening the trunk from the inside (also, carry a small flashlight in the trunk).

■ If possible, armor your vehicle (always search for a reliable company recommended by a specialist).

7.9 Cuidados ao fazer compras

7.9 Security measures when shopping

Fazer compras é, para a maioria das pessoas, um grande prazer. Geralmente, estamos tão focados no produto desejado que esquecemos de prestar atenção nos acontecimentos do entorno. Durante visitas a shoppings, lojas ou supermercados, leve apenas um cartão de crédito e pouco dinheiro. Se puder, deixe a bolsa em casa. Quando for experimentar roupas, mantenha sempre seus pertences com você. Evite deixar bolsas e sacolas em balcões ou sob os cuidados de vendedores e outras pessoas que você não conhece. Na hora de guardar, coloque tudo no porta-malas, não deixe à mostra.

Caso sua saída para fazer compras seja acompanhada de crianças, a atenção deve ser redobrada. Na euforia do momento, muitas se perdem nas ruas, feirinhas e shoppings. Deixe com elas seu número de telefone para qualquer emergência. Existem pulseirinhas e pequenos colares que permitem o uso de uma plaqueta com os dados de contato do adulto responsável pelo menor. Nessas situações, ou mesmo durante passeios em parques e praias, essas informações podem ser muito úteis.

Most people consider shopping a source of great pleasure. Quite often, we're so focused on the desired product we forget all about paying attention to developments in the surrounding area. When going to malls, stores or supermarkets, take only one credit card and a little money. If possible, leave your purse at home. When trying clothes on, always carry your belongings with you. Avoid leaving purses and shopping bags on counters or under the supervision of salespeople or other people you don't know. When it's time to drive home, place everything in the trunk, not leaving anything on display.

In case you go shopping with your kids, attention should be doubled. In the furor of going shopping, many children get lost in the streets, street fairs and shopping malls. Leave your phone number with them in case of an emergency. There are bracelets and necklaces which accommodate a tag with contact details of those responsible for the minor. In such situations, or even during walks in parks and beaches, this type of information can be quite useful.

7.9 Vai viajar? Saiba como agir e quais providências tomar

7.9 Are you going on a trip? Learn how to behave and what measures to put in place

Alguns cuidados podem prevenir surpresas ruins durante o passeio. Além disso, é fundamental tomar as providências necessárias para deixar sua casa mais protegida no período de ausência.

Some security measures can prevent bad surprises during the trip. On top of that, it is essential to take the necessary measures to make your home safer during your absence.

7.9.1 Segurança garantida no automóvel

7.9.1 Maintaining safety in the car

Se for viajar com o próprio carro, faça uma revisão antes de pegar a estrada. Cheque a calibragem dos pneus (inclusive do estepe), alinhamento e balanceamento. Inspecione o sistema de freios, certifique-se de que os documentos estejam atualizados e com você. Não se esqueça de acomodar bem as bagagens no porta-malas para evitar que os objetos sejam arremessados em fortes freadas. Evite colocar malas e outros objetos sob os pés ou soltos sobre os bancos. Caso o estepe do seu automóvel fique na parte inferior do porta-malas, evite deixar objetos soltos na bagagem, acondicione tudo em malas. Em caso de o pneu furar na estrada, você terá de retirar a bagagem para acessar o estepe.

If you are traveling on your own car, inspect a few items before hitting the road. Check tire air pressure (including the spare tire), alignment and balance. Inspect the brake system and make sure you have the most up-to-date version of the documents you need. Don't forget to place luggage neatly in the trunk to keep objects from flying around in case a hard stop is required. Avoid placing bags and other loose objects under the seats or on them. If the spare tire is located at the bottom of the trunk, avoid leaving loose objects amidst your luggage. Make sure everything is neatly packed. You will need to remove all the luggage to reach it in case you have a flat tire.

Todos os passageiros devem usar cinto de segurança, incluindo os que estão no banco de trás. Certifique-se de que as portas traseiras estejam travadas — há um dispositivo preventivo para crianças — antes do embarque. Não deixe objetos, malas e brinquedos grandes nas mãos das crianças durante o trajeto. Use sempre o assento indicado para crianças e bebês, por mais curta que seja a viagem.

Na estrada, se acontecer alguma coisa que faça seu carro parar, como pneu furado, vidro quebrado ou pequenos acidentes, desconfie, pois pode ser uma armadilha. Muitas quadrilhas colocam objetos na pista para provocar a parada do veículo. Outra parte dos bandidos aguarda no acostamento para a abordagem criminosa. Jamais pare o carro no meio da estrada. Continue o deslocamento, mesmo que tenha de reduzir a velocidade, até encontrar um local seguro — posto de gasolina ou posto da polícia rodoviária — para verificar o problema. Antes de sair de casa, deixe à mão o dinheiro para o pedágio, o mapa do local e algum tipo de entretenimento para as crianças. Lembre-se de deixar tudo o que vai precisar durante a viagem na parte da frente do carro. Parar no acostamento para recuperar coisas no porta-malas pode ser perigoso.

Caso seja realmente necessário parar o carro durante o percurso, mesmo em postos de gasolina ou de serviços, jamais deixe bebês, crianças ou animais no interior do veículo. Além do risco de segurança, o confinamento pode gerar um aumento de temperatura que pode ultrapassar os 50 °C e pode provocar desidratação, queimaduras e até a morte.

All passengers must wear seat belts, including those in the back seat. Make sure rear doors are locked — there's a security feature for children — before loading the passengers. Do not leave objects, bags and big toys in the hands of children during the journey. Always use suitable seats for children and babies, regardless how short the trip might be.

On the road, if something like a flat tire, a shattered windshield or minor accidents causes you to stop your car, be wary because it can be a trap. Many gangs place objects on the road to cause vehicles to come to a halt. The rest of the gang is waiting by the road shoulder to make their move. Never stop the car in the middle of the road. Keep driving, even if you have to reduce speed, until you find a safe place — a gas station or a police post — to check what the problem is. Get some change ready for the toll before leaving home. Have maps handy and arrange some kind of entertainment for the children. Remember placing everything you will need during the trip at the front part of the car. Stopping on the road shoulder to retrieve things in the trunk can be dangerous.

In case it is really necessary to stop the car during the journey, even if at gas stations or services stations, never leave infants, children or pets inside the vehicle. On top of the security risk, the confinement can generate a spike in temperature which can exceed 50° C and can cause dehydration, sunburns and even death.

7.9.2 Cuidados em aeroportos

7.9.2 Security measures at airports

Em caso de viagem ao exterior, verifique com antecedência a validade de passaportes e vistos. Saia de casa com a antecedência mínima solicitada pela companhia aérea. Lembre-se de incluir no prazo reservado para o trajeto atrasos com trânsito e separe uma margem de tempo para possíveis imprevistos.

Identifique todas as bagagens e proteja tudo com cadeados — que só poderão ser violados em caso de inspeção das malas por autoridades competentes — e mantenha-as próximas a você nas áreas comuns do aeroporto e durante a fila do check-in. Ao desembarcar do táxi ou ônibus com a bagagem, certifique-se de desembarcar todos os volumes do veículo. Caso a viagem tenha escalas ou conexões, utilize os serviços de plastificação de malas, oferecidos nos halls de acesso dos aeroportos. Isso previne a violação das malas pelo manuseio na entrada e saída de esteiras e aeronaves. Para viagens comuns, solicite os lacres de plástico numerado (que são gratuitos) disponíveis nos guichês das companhias aéreas e anote a numeração em seu cartão de embarque.

Coloque na parte externa da mala algum elemento que facilite a identificação do volume a distância, como adesivos, chaveiros, fitas ou lenços. Grande parte das malas despachadas tem a mesma aparência. Isso evita enganos — seus ou de outro passageiro qualquer — na retirada da bagagem da esteira. A euforia do desembarque facilita a ocorrência desse tipo de confusão.

In the case of a trip overseas, check expiry dates on passports and visas in advance. Leave home around the time suggested by the airline. Remember factoring an extra amount of time for traffic problems into the commute to the airport plus an additional security margin for unforeseen events.

Tag all the luggage, protect everything with padlocks — which can only be violated in case of luggage inspection by competent authorities — and keep them close to you in the communal areas of the airport as well as during the check-in. When leaving the taxi or bus with your luggage, make sure to collect all items from the vehicle. In case of stopovers or connections, use luggage wrapping services offered at airport halls and access areas. This helps preventing violation during baggage handling at conveyor belts and aircraft access points. For regular trips, request numbered plastic seals (free of charge) available at check-in counters and write down the numbers on your boarding pass.

Place any visual aid (such as stickers, keychains, ribbons or scarves) on the outside of the luggage to help spotting it at a distance. Most of the shipped luggage looks the same. This avoids mistakes — yours or other passenger's — at the baggage claim area. The euphoria of landing turns this type of mishap into something quite regular.

11 dicas de segurança em aeroportos

■ Desconfie de funcionários não identificados: empregados de companhias aéreas, postos de serviços ou do próprio aeroporto sempre andam muito bem identificados, uniformizados e munidos de crachá. Antes de pedir informação ou aceitar qualquer ajuda, cheque esses detalhes. Evite ajudas estranhas para carregar bagagens e busque você mesmo o carrinho para carregá-las.

■ Jamais abandone bolsas ou pacotes: fique sempre alerta com bolsas ou sacolas. Mantenha-as sob supervisão constante, principalmente em bancos, restaurantes e banheiros. Recuse-se a guardar pacotes de estranhos.

■ Fique atento às crianças: idas ao banheiro ou passeios pelo aeroporto devem ser feitos com acompanhamento de um adulto. Mantenha-as afastadas das esteiras de retirada de bagagem ou dos guichês do check-in. Leve os documentos da criança com você e use pulseiras ou colares de identificação durante toda a viagem, mesmo que o menor esteja acompanhado dos pais.

■ Cheque zíperes e fechos de todas as malas antes de despachar ou colocar no compartimento superior dentro da cabine. Feche as malas de mão com cadeado. Durante o descanso, dentro do avião, elas podem ser abertas por estranhos. Prefira os modelos com segredos.

■ Procure não dormir em salas de embarque ou bancos de espera. Em caso de demora ou atraso de voo, reveze o sono com outro adulto que estiver acompanhando a viagem. Mantenha as bagagens à frente do corpo durante o descanso.

■ Em caso de qualquer atitude suspeita, furto ou outro problema, procure a autoridade local competente.

■ Caso deixe o carro no estacionamento durante

11 security tips at airports

■ Be wary of unidentified staff: airline employees, service stations or airport staff are always thoroughly identified, wearing uniforms and badges. Always check such details before requesting any information or accepting any help. Reject offers from strangers to carry your baggage and find yourself a cart to lug it around.

■ Never leave bags or packages unattended: keep an eye on your purses or bags. Keep them under constant supervision, mainly at banks, restaurants and restrooms. Don't accept or keep custody of packages from strangers.

■ Pay close attention to the kids: trips to the bathroom or tours of the airport must be accompanied by an adult. Keep them away from baggage pickup conveyor belts or check-in counters. Take the kids' documents with you and have them wear ID bracelets or necklaces throughout the journey, even when minors are accompanied by their parents.

■ Check zippers and fasteners on all suitcases before having them dispatched or placing them in the overhead compartment inside the plane. Secure carry-on luggage with padlocks. They can be opened by strangers inside the plane while you sleep. Prefer luggage with combination locks.

■ Try not to sleep in departure lounges or waiting areas. In case of delays, organize sleeping shifts with another adult in your group. Keep your luggage in front of you while you sleep.

■ In case of any suspicious behavior, theft or other problem, contact the competent local authority.

■ Choose to park your car in reliable parking

uma viagem curta, prefira os oficiais. Evite garagens abertas nas proximidades do aeroporto.

■ Fique atento ao sacar dinheiro em caixas eletrônicos ou casas de câmbio. Observe eventuais atitudes suspeitas de pessoas nas filas ou proximidades do guichê.

■ Durante o check-in ou na sala de embarque, evite expor o conteúdo das bagagens. Oriente as crianças para que guardem presentes e objetos de valor dentro das malas de mão. Seja discreto.

■ Tome informações apenas nos postos oficiais. Aeroportos são equipados com locais específicos para informações. Recorra sempre a funcionários identificados ou guichês oficiais do terminal ou da própria companhia aérea.

■ Durante a inspeção de segurança, mantenha a calma, é um procedimento minucioso. Coloque acessórios, relógios e documentos no recipiente indicado, acomode a bagagem de mão no equipamento de raios X e certifique-se de recolher tudo antes de dirigir-se ao portão de embarque.

lots during short trips. Avoid parking lots in the airport neighboring areas.

■ Stay alert when withdrawing cash at ATMs or currency exchange offices. Pay attention to any suspicious behavior by people in the queue or near the window.

■ During check-in or at the departure lounge, avoid exposing the contents of your luggage. Instruct kids to keep gifts and valuables inside their carry-on luggage. Be discreet.

■ Ask for information only at official information desks. Airports are equipped with specific information desks. Always rely on properly-identified staff or airline/airport information desks within the terminal.

■ Stay calm during the security inspection as it is a thorough procedure. Place accessories, watches and documents in the tray and place hand luggage in the x-ray equipment, making sure to collect all items before heading to the departure gate.

7.9.3 Casa protegida durante sua ausência

7.9.3 Safe home during periods of absence

Faz parte do planejamento de qualquer viagem pensar no cuidado com a casa durante o período de ausência. Regra: evite mostrar que sua casa está vazia. Indícios como lâmpadas acesas durante o dia, correspondências à mostra e calçadas sujas podem servir de alerta para os criminosos. Peça a um vizinho de confiança que lhe ajude com esses itens. Deixe com ele ou com um parente seu telefone de contato. Dessa forma, você pode ser localizado em casos de emergência. Lembre-se, também, de suspender a entrega de jornais ou revistas durante o período que estará fora. Desligue equipamentos eletrônicos das tomadas, disjuntores e até mesmo a campainha. Feche os registros de água e gás, para evitar que

Thinking about home care during a period of absence is part and parcel of planning any trip. Rule: avoid conveying the notion that your house is empty. Telltale signs such as keeping lights on during the day, accumulated mail and dirty sidewalks may work as a billboard for criminals. Ask a reliable neighbor to help you with such details. Leave your contact numbers during the trip with your neighbor or one of your relatives. By doing so, you can be contacted in case of an emergency. Remember calling off newspaper or magazine runs for the period you will be out of town. Unplug electronic equipment, circuit breakers and even the bell. Shut gas and water mains off to discourage others from testing

pessoas fiquem testando a presença de moradores. Evite deixar cadeados para o lado de fora da casa e certifique-se de trancar tudo antes de sair.

whether there are people in the house. Avoid leaving locks hanging outside the house and make sure to lock up before leaving.

8. Você sabia que...? 8. Did you know?

✔quanto mais cartões de crédito você leva na carteira, maior é o seu risco?

✔quanto mais rígido você for em seus horários e itinerários, mais fácil será o trabalho do criminoso? Que tal flexibilizar um pouco a agenda?

✔quanto mais desatento estiver, mais contribuirá para um roubo?

✔os principais crimes acontecem na chegada e saída de casa, da empresa e dos bancos?

✔os ladrões preferem atacar motoristas desatentos, com os vidros abertos e portas destravadas, e principalmente quando estão falando ao celular?

✔existem furtos nos estacionamentos particulares, de supermercados, shoppings e até em serviços de valet?

✔muitos ladrões ainda aplicam golpes antigos como as famosas batidinhas na traseira do veículo, furam pneus, quebram para-brisas ou jogam pedras por baixo dos carros em movimento?

✔a maioria dos pais não conversa com seus filhos e cônjuges sobre a segurança deles e da residência?

✔ainda é muito fácil obter todas as informações de uma família bastando utilizar-se de um telefonema e inventar uma história qualquer?

✔muita gente ainda acha que o bandido só ataca o vizinho?

✔muitas informações suas e de sua empresa podem ser obtidas nos cestos de lixo?

✔ the more credit cards you carry in your wallet, the greater your risk?

✔ the more inflexible you are about your schedules and itineraries, the easier the criminal's job is? How about having a slightly more flexible schedule?

✔ the more careless you are, the more you will contribute to a robbery?

✔ the most common types of crime happen upon arriving or leaving home, the office and banks?

✔ thieves prefer to attack unsuspecting drivers who keep windows rolled down and doors unlocked, and particularly those who are talking on the phone?

✔ thefts take place at private car parks, supermarkets/shopping mall parking lots and even at valet services?

✔ many thieves still run old scams like minor rear-endings, punctured tires, smashing windshields or throwing stones underneath moving cars?

✔ most parents don't talk to their children and spouses about their security and that of their homes?

✔ it still is fairly easy to get all kinds of data on a family simply by placing a phone call and making a story up?

✔ many people still think criminals only attack their neighbors?

✔ a lot of information about you and your company can be gathered from trash cans?

Bibliografia
Bibliography

BONDARUK, Roberson Luiz. **A prevenção do crime através do desenho urbano.** Curitiba: Edição do Autor, 2007.

BECKER, Gavin de. **Como proteger seus filhos.** Tradução de Simone Lemberg Reisne. Rio de Janeiro: Sextante, 2001.

CORRADINI, Ana Paula. **Quais são as principais táticas dos guarda-costas?** In: Revista Superinteressante, Editora Abril, 2002.

(_____________). **Revolucionários, bandidos e marginais. Presos comuns e políticos sob a ditadura militar.** Dissertação de Mestrado apresentada ao Programa de Pós-Graduação em História Social da Universidade Federal Fluminense, 2005.

COSTA, Roberto Zapotoczny. **Gerenciamento de crises em segurança empresarial.** Ciência Moderna, Rio de Janeiro, 2008.

FARIA, Cátia. **Dura Lex, Sed Lex — A luta pelo reconhecimento dos presos políticos no Brasil**. Artigo publicado em outubro de 2008, in Revista Histórica, Arquivo do Estado de São Paulo — www.historica.arquivoestado.sp.gov.br

GODOY, José Elias de e BARROS, Saulo C. Rêgo. **Manual de segurança em condomínios.** São Paulo: Sicurezza, 2000.

KELLING, George L. e COLES, Catherine M. Fixing **Broken windows: restoring order and reducing crime in our communities.** Nova York: Touchstone, 1997.

LIPMAN, Ira A. **How to protect yourself from crime.** 4. ed. Estados Unidos da América: Reader's Digest, 1997.

LUCCA, Diógenes Viegas Dalle. **O negociador.** HSM, São Paulo, 2014.

(______) **O diário de um policial.** Planeta, São Paulo, 2016.

LUCENA, Gaudencio Gonçalves de. **Viva em segurança.** 5. ed. Fortaleza: Pouchain Ramos, 2012.

MARTÍ GARRO, Pedro Alberto. **Manual de normas de seguridad personal: contiene información vital para proporcionarse su propia seguridade.** Buenos Aires: el autor, 2004.

OLIVEIRA, Luiz Antonio de. **Como os empregados roubam as empresas.** Rio de Janeiro: Qualitymark, 1997.

STRONG, Sanford. **Defenda-se: um manual de sobrevivência ao crime urbano com regras que protegem você e sua família.** Tradução de Jamir Martins. São Paulo: Harbra, 2000.

BONDARUK, Roberson Luiz. **A prevenção do crime atraves do desenho urbano.** Curitiba: Author's edition, 2007.

BECKER, Gavin de. **Como proteger seus filhos.** Translation by Simone Reisne Lemberg. Rio de Janeiro: Sextante, 2001.

CORRADINI, Ana Paula. **Quais sao as principais taticas dos guarda-costas?** In: Revista Superinteressante, Editora Abril, 2002.

(_____________). **Revolutionaries, criminals and thugs. Presos comuns e politicos sob a ditadura militar.** Master's dissertation presented at Programa de Pos-Graduacao em Historia Social from Unviersidade Federal Fluminense, 2005.

COSTA, Roberto Zapotoczny. **Gerenciamento de crises em segurança empresarial.** Ciência Moderna, Rio de Janeiro, 2008.

FARIA, Catia. **Dura Lex, Sed Lex — A luta pelo reconhecimento dos presos politicos no Brasil.** Article published in Revista Historia in October 2008, Arquivo do Estado de Sao Paulo — www.historica.arquivoestado.sp.gov.br

GODOY, Jose Elias de e BARROS, Saulo C. Rego. **Manual de seguranca em condominios.** Sao Paulo: Sicurezza, 2000.

KELLING, George L. e COLES, Catherine M. Fixing **Broken windows: restoring order and reducing crime in our communities.** New York: Touchstone, 1997.

LIPMAN, Ira A. **How to protect yourself from crime.** 4. ed. United States of America: Reader's Digest, 1997.

LUCENA, Gaudencio Goncalves de. **Viva em segurança.** 5. ed. Fortaleza: Pouchain Ramos, 2012.

LUCCA, Diógenes Viegas Dalle. **O negociador.** HSM, São Paulo, 2014.

(______) **O diário de um policial.** Planeta, São Paulo, 2016.

MARTI GARRO, Pedro Alberto. **Manual de normas de seguridad personal: contiene información vital para proporcionarse su propia seguridade.** Buenos Aires: The author, 2004.

OLIVEIRA, Luiz Antonio de. **Como os empregados roubam as empresas.** Rio de Janeiro: Qualitymark, 1997.

STRONG, Sanford. **Defenda-se: um manual de sobrevivencia ao crime urbano com regras que protegem voce e sua familia.** Translated by Jamir Martins. Sao Paulo: Harbra, 2000.